行動経済学が勝敗を支配する

世界的アスリートも
“つい”やってしまう
不合理な選択

今泉 拓

日本実業出版社

スポーツは
行動経済学をより深く
理解するための
「最強ツール」

　行動経済学では、あらゆるデータが分析の対象となります。分析によく使われるデータとしては、企業や自治体が公開しているデータや、研究者が研究室で実験して取得したデータが一般的です。

　スポーツのデータは、このようなデータに比べて「正確性」「明示性」「長期間の蓄積」の点で優れている面があります。

(1) 正確性

　正確性とは、記録が改ざんされたり、恣意的に解釈されたりする可能性が少ないということです。たとえば、野球の得点数や安打数は公式のスコアブックを確認すれば誰でも同じ結果を得ることができます。近年のスポーツでは映像が残っていることも多く、データが正しいかどうかを確認するのも容易です。

(2) 明示性

　明示性とは、基準が明確に示されているということ。たとえば、サッカーのルールはたびたび変更されていますが、変更される都度、変更点が一般のファンもわかるように公開されています。どのような基準でデータが取得されたかがわかりやすい点で、スポーツのデータは行動経済学の研究に適しているといえます。

(3) 長期間の蓄積

　人気のスポーツでは、かなりの期間にわたってデータが蓄積されています。たとえば、野球のメジャーリーグやサッカーのイングランド・プレミアリーグ（前身のリーグを含む）では、100年以上に渡って、試合のスコアや出場選手の成績が公開されています。人間の意思決定が長期間でどのように変化したかを調査したい場合、スポーツのデータはもってこいです。

**スポーツのデータは、
行動経済学の研究において
人間の心理が凝縮された
「宝庫」ともいえるのです。**

はじめに

「プロゴルファーは『損失回避バイアス』で年間1億円損している」
「サッカーの応援は審判に『同調効果バイアス』を生み出し年間2点分の働きをする」

　これらは、スポーツを題材とした行動経済学の研究成果です。プロのアスリートや審判でも、"つい"不合理的な選択をしてしまうことが知られています。

　行動経済学は心理学と経済学を融合した学問で、人間の不合理な意思決定（≒認知バイアス）を研究します。代表的な研究者が続々とノーベル賞を受賞するなど、近年、注目を集めている分野です。

　しかし、行動経済学の理論は複雑な前提を伴うことが多いため初学者には難しく、だからといって簡単に解説しすぎると、"わかったつもり"になりがちで、実生活やビジネスに応用できないというジレンマがあります。

　私は普段、スポーツを題材に行動経済学を研究しています。スポーツは人間の心理が色濃く反映し、正確なデータが豊富で、行動経済学を研究するのに適しています。さらに、スポーツ好きな方なら一度は経験したことがある「どうしてあの場面で〇〇（のプレー）をしてしまったんだ！」といったケースは、実生活やビジネスでも起こり得る行動心理が少なくありません。

　そこで、日々スポーツを題材に行動経済学を研究している私だからこそ執筆できる、難しい理論を解きほぐす1冊を目指しました。

本書の特徴① スポーツ事例と先行研究で各章1つのトピックを深掘り

　各章1つの認知バイアスについて色々なスポーツの研究を通して深掘りしていきます。章末の「まとめ」とあわせて読むことで、"わかったつもり"で終わらない、行動経済学への確かな理解が深まるようになっています。

本書の特徴② 認知バイアスによる影響や損失額について数字で示す

　認知バイアスによって、誰が影響を受け、どれくらい損をしているか具体的な数値で示します。さらに、バイアスの克服法も紹介しています。アスリートやコーチはバイアスを可視化し、克服することで競技力の向上につながることが期待されます。

本書の特徴③ 多種多様なスポーツで、実際の事例を紹介する

　豊富なスポーツ事例とその背景にある行動経済学的なメカニズムを取り上げます。誰かに話したくなる話題や、試合観戦に役立つ知識が詰まっています。スポーツ好きの方は、ぜひ好きなスポーツや興味のある事例からご覧ください。

　70以上の文献を紹介しながら、「損失回避バイアス」「ナッジ」といった6つの主要トピックについて、豊富な図表とスポーツの事例を通して理解を深めていきます。

　また、スポーツを例に紹介することで、「なぜバイアスが発生するのか」「どのような状況で発生するのか」「誰がどの程度影響を受けるのか」がわかりやすくイメージできます。

　スポーツの熱狂を行動経済学の冷静な視点から分析することで生まれる、新しい驚きや発見を楽しんでいただければと思います。

スポーツは行動経済学をより深く理解するための「最強ツール」

はじめに

第1章　損失回避バイアス

"失敗したくない" 心理に惑わされず成功確率を高める

第2章 フレーミング効果

考えの「フレーム」を見直して正しい意思決定をする

第3章 概数効果

「キリの数字」がもつ効果を味方にすると目標達成が近づく

第4章　同調効果

周りを味方につける環境づくりが成功のカギ

第5章　サンクコスト

"もったいない"に惑わされず冷静に損を減らす

第6章　スポーツ版ナッジ

ちょっとした仕掛けづくりでスキル向上を促す

第7章　その他の重要なバイアス

判断力・注意力も行動経済学で解明できる！

Column

第1章　あなたもこんなところで損をしているかも？

※本書の内容について、以下の点についてご理解ください。

① スポーツ事例を取り上げるのは行動経済学の理解を促進するためであり、特定の集団や個人を攻撃・糾弾する意図はありません。

② スポーツのルール＆セオリーについては本文では最低限紹介し、詳細は巻末に取り上げました。各節の大見出し上部に該当ページを記載しています。

③ 以下の情報は、特別な記載がない限り、2024年4月19日時点のものとなっています。

- スポーツ選手の登録名や所属チーム
- 行動経済学の学説、参考文献を最終閲覧した日時
- 各国の法律、スポーツのルール、社会的なルールや一般常識

④ 研究に用いられる図表を初めて見た方が混乱しないよう、図表からエラーバー（標準誤差）や有意差を除きました。詳細な統計情報が気になる方は参考文献をご覧ください。

カバーデザイン／小口翔平＋嵩あかり（tobufune）
カバー・本文イラスト／kikii　クリモト
校正／丹治伶峰
本文DTP／一企画

第**1**章
損失回避バイアス

"失敗したくない"心理に惑わされず
成功確率を高める

　「虎穴に入らずんば虎子を得ず」ということわざがあります。危険を冒さなければ、望みのものは手に入らないという意味です。実は人間はリスクを評価するのが苦手で、ついつい損を避けるような選択肢を選びやすいことが知られています。これは「損失回避バイアス」と呼ばれています。

　本章では、サッカーのPK、ゴルフのバーディーパット、アメフトの4thダウンギャンブル、テニスのサーブ、野球の送りバントをケースに取り上げて、どんな場面で損を嫌ってどのように非合理的な意思決定をしてしまうのか、理解を深めていきましょう。

1-1

"つい"成功率が低いコースを狙ってしまう
サッカーのPK戦

 あなたならどこに蹴りますか？

あなたは大事なサッカーの試合でPK戦のキッカーに選ばれました。
下のゴールの①〜④のうちどこを狙って蹴ることを考えますか？

> つい

外すこと（＝損）を嫌って下段に蹴ってしまう
損失回避バイアス

　無難なコースである②を選んだ人が多いのではないでしょうか？
　プロの大会でも②のエリアに蹴る人が多いことが知られています。
しかし、実際に成功率が高いのは上段端の④となっています。
　プロサッカー選手でも成功率の観点からみて非合理的な選択をし
ているのが現状です。PKにおける意思決定の歪みを紹介しながら、
その背景にあると考えられる損失回避バイアスへの理解を深めてい
きましょう。

------------------------- POINT -------------------------

● 人間は損につながる選択を嫌がる、という損失回避バイアスが知られている。

● PK戦で上段に蹴るほうが成功率しやすいことが知られていても、実際には下段に蹴る選手が多い。これは、外すことを避けるために、勢いを殺している可能性が考えられる。

● 外す勇気をもって上段に蹴ると、PKの成功率は8％向上する。

PK戦に求められる「外す勇気」

2022年に行なわれたFIFAワールドカップのカタール大会。

日本代表は「死の組」と呼ばれるグループリーグを突破し、ベスト16にまで駒を進めました。初のベスト8進出が期待されたものの、決勝トーナメント初戦では激戦の末、クロアチアにPK戦で敗れ、念願のベスト8達成はかないませんでした。

振り返ってみると、2010年に南アフリカで行なわれたワールドカップでも、パラグアイにPK戦で敗れて涙をのんだ過去があります。

どうやら、ベスト8を達成し決勝トーナメントを勝ち抜くためには、PK戦という壁を乗り越える必要があるようです。

行動経済学の視点でみた、PK戦に勝利する秘訣を挙げるならば、「外す勇気を持つこと」です。なぜ、この「外す勇気を持つこと」が日本を代表する選手でさえ難しいのか。まずは「PKを外してはならない」という心理について考えてみましょう。

駒野とバッジョ。外すことで生まれる悲劇

サッカーファンにとって、2010年ワールドカップ、パラグアイ戦の

駒野友一のPKは、忘れられない記憶ではないでしょうか。

　全員成功で迎えた3人目、駒野がゴールの右上隅を狙ってシュートすると、ボールはバーに当たって失敗。パラグアイは全員PKを成功させたため、日本は敗退。結果的に駒野が外したことでベスト8の夢は断たれることとなりました。

　駒野はこの大会で全試合に先発し日本代表を支えてきましたが、まるで駒野のせいで負けたような扱いをされることもありました。実際、駒野はこの10年間でPKに関する取材を50〜100件受けています[i]。

　PKの失敗が悲劇的なエピソードとして語られるのは、なにも日本だけではありません。

　1994年のアメリカ・ワールドカップ決勝戦におけるイタリア代表のロベルト・バッジョのPK失敗は、世界サッカー史に残る有名なエピソードとして知られています。

　決勝のブラジル戦、試合は激闘の末、決勝史上初のPK戦にもつれこみました。ブラジルが3−2とリードした場面で、イタリア代表は5人目のキッカーとしてエースのバッジョがスポットに向かいます。

　実は、バッジョのキャリア通算PK成功率は88％（108／122）と、平均と比べてもかなり高い数値です。しかし、外せば敗退が決まる場面で、名手のキックはクロスバーのはるか上へと飛んでいきました。立ち尽くすバッジョの姿は、悲劇のヒーローとして2020年代になってもメディアで紹介されることがあります。

　バッジョの例も、駒野の例も、PKを止められたのではなく、外した点が共通しています。

　PKは枠外に蹴った時点で失敗が決まります。一方、枠内に蹴った場合はキーパーと逆のコースに蹴ることができれば、ゆっくりとしたシュートでも成功します。つまり、PKは外した時点でノーチャンス、外すのはもったいないことだと考えられます。

　だからこそ、PKを外した選手には「こんなに大切な場面なのに、どうして枠内にシュートをコントロールしなかったんだ」という感情が寄

せられるといえるでしょう。

PKの心理

○枠外に蹴る

　→絶対に失敗する

枠内にコントロールすべき？

○枠内に蹴る

　→成功する可能性がある

PKにまつわる不可解なデータ

では、実際にPKはどのコースに蹴ると成功しやすいのでしょうか？
驚きのデータがあるので紹介します。

キッカーから見てゴールを6分割します（高さについて：上段・下段、
左右について：左・中央・右）。各コースの成功率を計算すると下の表
のようになります。

■PK成功率■

	左	中央	右
上段	81%	78%	83%
下段	75%	70%	71%

※成功率＝100－セーブされた確率(%) －枠外に外れた確率(%)

注目してもらいたいのは、上段と下段の成功率の違いです。

左・中央・右、いずれに蹴った場合でも上段の成功率が高くなってい
ます。全体でみると、上段は下段に比べて8％ほど成功率が高いという
結果になっています。

特に、ゴールの右上や左上を狙うと、8割を超える成功率が見込めるため、統計的には上段の左右に蹴ることがPKの最適な作戦といえます。
　つまり、本節冒頭のクイズでは④（右上）の位置に蹴るのが正解でした。では、実際どの程度の選手が上段に蹴るのでしょうか？

ＰＫの不可解な数字

○成功率
　　下段73%、上段81%
○実際に蹴られた割合
　　下段66%、上段34%

決まらない下段に蹴っている

　なんとPKで上段を狙ったのは、集計した443キックのなかで、たったの151本。割合にすると34%です。上段に蹴るのは3人に1人で、多くの選手は下段を狙っていることになります。
　成功率を高めるという観点でみれば、上段に蹴るのが合理的だと考えられますが、実際はそうなっていません。勝つために最適な振る舞いができていないといえます。
　ではどうして、大半の選手が成功率の低い下段を狙うのでしょうか？
　PK成功率のデータはワールドカップを中心に一流選手が集まる大会から集計したため、選手のスキル不足ということは考えづらいです。となると、考えられるのは技術ではなくメンタルの問題です。
　PKには（数理統計的に）非合理的な意思決定をしてしまう罠が含まれているのではないか。特に、「損失回避バイアス」というバイアスが影響していると考えられます。

PKと損失回避バイアス

　損失回避バイアスは行動経済学で扱うバイアスのなかでも特に有名なバイアスです。読者のみなさんも聞いたことがあるかもしれません。「人間は得をすることよりも、損をすることを評価してしまうため、損をしない可能性が高い選択肢を選ぶ」というものです。

　たとえば、次のようにAとBの2つのくじがあるとします。Aを選ぶと100％の確率で1万円を失ってしまいます。一方、Bを選ぶと50％の確率で2万円を失いますが、50％の確率で1円も失いません。この場合、多くの人はBを選ぶことが知られています。

損失回避バイアスの一例

人間は損をするのを嫌う
例）どちらを選ぶ？
A：100％の確率で1万円を失う
B：50％の確率で2万を失うが、
　　50％の確率で0円を失う

> 少しでも損をしない
> 可能性にかけたい

　どちらのくじも1万円を失うという点で期待値としては同じですが、お金を失わない（＝損をしない）確率の高いBのくじが魅力的に映るということです（詳しい解説はP67）。

　では、PKではどのような損失回避バイアスがみられるのでしょうか。ここで、P15〜16で取り上げた駒野やバッジョのPKを思い出してみてください。

　彼らはゴール上段を目指してキックしており、枠外に外してしまいました。PKは枠外に蹴ってしまった途端、失敗（＝損失)が確定します。逆に、勢いを殺したシュートでも、枠内に蹴れば決まる可能性があるのです。

○上段に蹴る

　→外すリスクが大きい（17％）

○下段に蹴る

　→外すリスクが小さい（5％）

下段66％、上段34％

　実際、上段を狙った場合に枠外に飛ぶ確率は17％、つまり6回に1回は外してしまいます。ゴール上段に蹴るためには勢いよくキックする必要があり、一流選手でも確実に枠内に入れることは難しいのでしょう。

　一方、下段に蹴る場合、枠外に飛ぶ確率は5％です。若干勢いを殺してコントロールしたシュートであれば確実に枠内を狙うことができます。

　人間は少しでも損をしない可能性を選ぶ傾向があるので、失敗が確定する枠外に蹴らない（＝損をしない）選択肢が魅力的に映ります。その結果、3分の2の選手が、外すリスクの小さい下段に蹴るという状況になると考えられるのです。

　ＰＫの成功率そのものが下段より上段のほうが高くても、外すリスクを恐れて実際は下段を狙う選手が多い。このような状況こそが、損失回避バイアスによって生まれる、（数理統計的に）非合理的な意思決定です。一流のスポーツ選手であっても、認知バイアスという悪魔からなかなか逃れられないことがわかります。

下段はセーブされる可能性が高い

　「上段は外すリスクが高いのに、決定率が高い」のはどうしてでしょうか？

　ここでカギを握るのが「セーブ率」です。

■PKを外す確率■

	左	中央	右
上段	15%	23%	14%
下段	7%	0%	4%

■PKをセーブされる確率■

	左	中央	右
上段	3%	0%	4%
下段	18%	30%	24%

　「PKを外す確率」と「PKをセーブされる確率」を示した上の表をみてください。上段は「外す確率」が高く、「セーブされる確率」が低いことがわかります。

　上段の左右のセーブされる確率は数％とめったにセーブされることはなく、上段中央の場合はなんと過去にセーブされたことが一度もありません。上段に勢いよく蹴れば、ゴールキーパーも捕れません。

　次に下段に蹴った場合にセーブされる確率についても注目してみましょう。中央に蹴った場合は30％、左右に蹴った場合は20％前後がセーブされています。これは上段に比べるとかなり大きな数字になっています。つまり、下段は外す確率は低いものの、セーブされる確率が高いために分が悪い選択肢ということになります。

　PKがセーブされるかどうかは、ゴールキーパーの読みにかかっているため、キッカーはセーブされるリスクを正しく見積もることが難しいと考えられます。そのため、セーブされるリスクよりも、外すリスクを重要視してしまうのでしょう。

クロアチア戦のPKを分析

　ここまでの分析から「上段は外す確率もあるが、下段に蹴ってセーブされる確率のほうが高い。そのため、外すリスク（明らかな損失）を受け入れたうえで、上段に蹴るのがおすすめである」ことがわかりました。では、本当に上段を狙うのが有利なのか、2022年カタール・ワールドカップの日本対クロアチア戦のPKを題材に確認していきましょう。

　日本が1‒3で敗れたPK戦ですが、各選手の蹴った場所と実際の結果は以下のようになっています。

　日本代表は、浅野のみが上段に蹴り、失敗した3名は全員が下段にゴロ性のシュートを蹴りセーブされる結果となりました。

■日本代表のPK■

	選手	段	左右	期待値	結果	備考
1	南野	下段	右	71%	×	セーブされた
2	三笘	下段	左	75%	×	セーブされた
3	浅野	上段	右	83%	○	
4	吉田	下段	左	75%	×	セーブされた

■クロアチア代表のPK■

	選手	段	左右	期待値	結果	備考
1	ブラシッチ	上段	左	81%	○	キーパーの飛んだ方向はあっていたが、届かず
2	ブロゾビッチ	上段	中央	78%	○	
3	リバヤ	下段	左	75%	×	外した
4	パシャリッチ	下段	左	75%	○	日本敗退決定

　一方のクロアチア代表は1人目、2人目が上段に蹴り、成功の期待値も日本代表より高くなっています。

　特に、1人目のブラシッチのスピーディーなシュートは、日本代表のキーパー権田の届かないところに蹴っており、まさに理想的なシュートだったといえます。2人目のブロゾビッチも、上段の中央という一見大胆な位置に蹴っていますが、統計的にみれば成功期待値の高いコースです。3人目、4人目の選手も勢いのあるシュートを打っており、4人とも強いキックをしていました。

　クロアチア代表はワールドカップでのPK戦の勝率が100％（4／4）と、PKがうまいことで知られています。日本代表に比べると損失回避バイアスにだまされずにシュートすることができていたと考えられます。「外す勇気を持つ」という、データや統計の観点からみてバイアスのない妥当な戦略です。

　もちろん、PKの成否の要因をすべて損失回避バイアスのせいにすること、また下段に蹴る理由を損失回避バイアスですべて説明できると過信することは、それはそれで言いすぎです。

　統計的には、上段と下段での成功率の違いは8％です。これを大きいと捉えるか小さいと捉えるかは、人それぞれでしょう。たった8％ではPK戦の勝敗は変わらないかもしれません。ただし、プロ選手が1％でも成功率を高めるために日々技術を磨いていることを考えると、考え方（損失回避バイアス）を見直すだけで8％成功率が上がるのは、かなり大きいのではないでしょうか。

３つ買うと298円の罠

　損失回避バイアスに影響された結果、かえって（経済的に）非合理的な選択をしてしまう例は日常でもたくさんみられます。ちょうど20分前に私もスーパーマーケットで体験したので紹介させてください。

　この日は暑かったためアイスクリームを買おうとしました。店頭では「まとめ買いでお買い得!!　よりどり３点298円」フェアをやっており、１個110円のアイスクリームを３つ買うと298円になる状況でした。

　３つ買えば、１つあたりは約99円になり、単品で買うより11円お得です。単品で買う予定で入店しましたが、単品で買ったら１つあたり11円損していると考えるとかなりもったいない気がして、結局（買う予定のなかった別の種類のアイスクリームを含めて）３点をカゴに入れて会計に向かいました。１つあたりの値段で損失を感じ、損をしないような選択肢を選んだという意味で、この行動は損失回避バイアスの影響を受けています。

　ただ、冷静になって考えてみると、この選択は賢い選択ではなかったかもしれません。本来買う予定のない種類まで買ってしまいましたし、アイスクリームは生活必需品ではないので買う必要はなかったかもしれません。そう考えると、約200円（298円－110円）の無駄使いともいえます。損失回避バイアスの影響で非合理的な選択をしてしまったと今になってほんの少し後悔しています。

　このように、損失回避バイアスは何かを選ぶ場面や何かを買う場面に多く潜んでいます。PKのキッカー同様、知らず知らずのうちに非合理的な選択をしているのです。無駄使いを防ぐためには自分が損失回避バイアスにとらわれていないかを意識するとよいでしょう。ただし、自身の選択を毎回疑うのはそれはそれで疲れるので、心の片隅にとめておくくらいが一番よいのかもしれません。

1-2

プロゴルファーは損失回避バイアスで 年間1億円の損をしている!?

 タイガー・ウッズの意外な弱点は？

「史上最高のゴルファー」とも称されるタイガー・ウッズにも、意外な弱点がありました。それは次の①～③のうちどれでしょう？

①ボールを飛ばす「パワー」
②パットを決める「正確性」
③パットを打つライン
　を選ぶ「積極性」

つい

ボギー（＝損）を嫌って、パットを置きにいってしまう

損失回避バイアス

　消去法で③を選んだ人が多いのではないでしょうか？　正解です。
　実は、スタープレーヤーのタイガー・ウッズでも他の選手と同様に損失回避バイアスの影響を受けていたことが知られています。さらに、ウッズはそのバイアスにより年間1.5億円近く賞金を損していたことが試算されます。では、ゴルフではどのような損失回避バイアスがみられるのか、確認していきましょう。

- ゴルフは合計のスコアを競う競技であるが、多くの選手は各ホールで
  ボギーをとらないようにショットを選んでいる。
- これは「ボギー＝損」と捉えられ、損失回避バイアスが生まれるため
  と考えられる。しかし、数理統計的には、とにかく最短打数を目指す
  ことが大切である。
- パットの意思決定を改善することで、トッププロであれば年間1億円
  以上の賞金増が見込める。

タイガー・ウッズと栄冠の数々

　タイガー・ウッズは、「史上最高のゴルファー」や「ゴルフの神」と
称される伝説のゴルフプレーヤーです。2024年現在も現役選手ですが、
1990年代後半から2000年代後半まではまさに敵なしの活躍をしていま
した。10年連続でスポーツ選手長者番付の1位を獲得するなど、生涯
収入は2,500億円を超えているといわれています。

　ゴルフプレーヤーには、ボールを遠くまで飛ばすパワーと、ボールを
正確にカップに入れる精密性が求められますが、ウッズはそのどちらに
も優れていました。

　そんな伝説のゴルフプレーヤーも損失回避バイアスの影響を受けてい
たといわれています。

　損失回避バイアスによって、スポーツの成績にどれほど影響があるの
か、理論と研究をもとに紹介していきましょう。

規定打数と行動経済学

　ゴルフは「18ホールの合計で、どれだけ少ない回数（打数）でカップにボールを入れられるか」というスポーツです。行動経済学の視点で重要なことは、各ホールに設定されている「規定打数」によって、ホールごとに損得の勘定をしやすい競技になっている点です。

　具体的にどのようなことなのか、2021年に松山英樹がマスターズを優勝した際の最終日のスコアをみてみましょう。

　ホール１では規定打数として４が設定されており、４打が目安でしたが松山は５打かかりました。目安より１打多いので、このホールのスコアは「＋１（ボギー）」となります。ホール２では規定打数の５より１打少なかったので、スコアは「－１（バーディー）」となっています。

　つまり、ボギーは損、バーディーは得であると考えることができます。ここに損失回避バイアスが見られる可能性があります。

■2021年マスターズ松山英樹の最終日成績■

ホール	1	2	3	4	5	6	7	8	9	10	11	12	13	14	15	16	17	18	計
パー	4	5	4	3	4	3	4	5	4	4	4	3	5	4	5	3	4	4	72
実際	5	4	4	3	4	3	4	4	3	4	4	4	4	4	6	4	4	5	73
結果	+1 △	−1 ○	−	−	−	−	−	−1 ○	−1 ○	−	−	+1 △	−1 ○	−	+1 △	+1 △	−	+1 △	+1

「ボギー＝損」という損失回避バイアス

　あなたが、プロゴルファーとして試合に出場したとします。

　規定打数が４打のホールで、これから３打目。ここで決めればスコア

は「−1（バーディー）」ですが、一打で決めるには難しい位置だとします。この場合、次のAとBのうちどちらを選択しますか？

A．3打目で直接カップを狙う
B．3打目は直接カップを狙わず、4打目で確実にカップに入れられる
　　位置に打つ

　4打目に決めることができれば、規定打数をクリアできるので、Bの選択肢が魅力的だと感じた方が多いのではないでしょうか。
　ただし、ここで思い出してほしいのは、ゴルフは18ホールの合計打数を競う競技であって、バーディーやボギーの数を競う競技ではないことです。やるべきことはあくまで、「最少打数を目指すこと」です。
　つまり、規定打数をクリアしたい（＝ボギーは嫌だ）からスイングの選択を変えることは、ゴルフのルールや順位の決め方からみると非合理的な考え方なのです。
　とはいえ、人間は損を嫌う生き物です。そのため、スコアの数から「バーディー＝得」「ボギー＝損」と意識し、バーディー（得）を取ろうと難しいパットに挑戦するよりは、ボギー（損）を嫌がって安全なパットをする可能性が高いと提唱されています。損失回避バイアスに影響され、スイング選択を変えているのではないかと考えられています。
　先ほどのBの選択肢のように、規定打数を意識したスイングが賢い選択のように思えたのも同じ理由です。
　つまり、個別ホールでの“損＝ボギー”を回避するために、全体として最適な振る舞いができていないのです。

成功率の違いを明らかにしたポープとシュバイツァーの研究

　ここで、プロゴルファーにおける損失回避バイアスの存在を示した、ポープとシュバイツァーの研究[ii]を紹介します。この研究は行動経済学

×スポーツの先がけとなったもので、ポープの名前は以降の章にもよく出てきます。

　ポープとシュバイツァーは、同じ位置から打たれたパットが、バーディーパットである場合と、パーパット（規定打数と同じ打数）である場合の成功率の差を調べました。ゴルフはボールの位置がレーザー計測で記録されており、誤差1cm以内で打たれたパットを"同じ位置"と定義しています。

　結果、同じホール・同じ位置・同じ距離から打たれたパットであっても、パーパットはバーディーパットより2％成功率が高いことが示されました。この研究はトッププロを対象にしているので、2％は大きな違いです。

　この結果からも、プロゴルファーは規定打数と比べてスイングの選択を変えているという、非合理的な判断がみられたのです。

　さらに、外せばボギー（＝損）という場面では成功率が上がる（入れればバーディーという場面では成功率が下がる）という、損失回避バイアスとみられる傾向も示唆されました。

ポープとシュバイツァーの研究①

○同じ位置で比較した成功率
　　パーパット＞バーディーパット
○2％も成功率が違う

ボギーを嫌がる可能性がある

　実際に、ホールまでの距離とパットの成功率を次ページのようにグラフにすると、どの距離でもパーパットの成功率がバーディーパットより高いことがわかります。

■ パットの成功率とホールまでの距離 ■

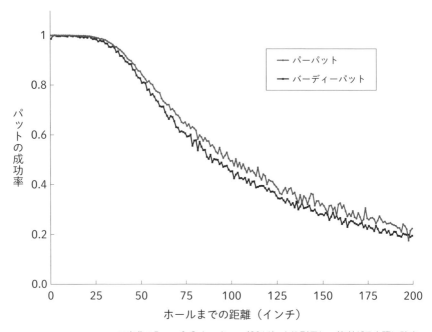

※出典：Pope & Schweitzer（2011）より引用し、筆者が日本語に改変。

プロゴルファーはバーディーパットを置きにいく

　成功率の違いを明らかにしたポープとシュバイツァーは、パットが外れた（失敗した）場合の軌道に着目して、さらなる分析を行ないました。

　そもそもバーディーパットが狙える場合、たとえ失敗してもすぐにボギー（損）になるわけではなく、規定打数どおりのパーになるチャンスがあります。一方で、パーパットを狙う場合、失敗したらボギー以下となってしまうのです。

　この状況で、バーディーパットとパーパット、それぞれ外れた場合の軌道が異なれば、損失回避バイアスの存在をより強く主張することができます。

　分析の結果、バーディーパットに失敗するときは、カップの手前でボールが止まり、ショートすることが多いことが判明しました。一方、同じ位置から放たれたパーパットでは、このような傾向はみられませんでした。つまり、バーディーパットではパーパットに比べて、弱い力でスイングしていることがわかったのです。

　バーディーパットは失敗しても次があるので置きにいきますが、パーパットは外すと規定打数を超えてしまうので、決まるように打つという傾向がみてとれます。ボギー（損）を恐れている、損失回避傾向がみられるスイングをしていることが、この分析からわかったのです。

　ゴルフは最少打数を目指す競技であることを考えると、規定打数と比較してスイングの仕方を変える行為は、行動経済学的にみて判断が歪んでいるといえます。

ポープとシュバイツァーの研究②

○バーディーパットで失敗するとき
　→カップに届かないことが多い

○パーパットで失敗するとき
　→その傾向はみられない

やはり、ボギー（損）を
恐れている？

バイアスによる損失は年間１億円以上⁉

　この損失回避バイアスによって、どのくらいの数のゴルファーがどの程度の影響を受けたのでしょうか。

　ポープたちによる試算では、94％のプロゴルファーで損失回避の傾向がみられています。このバイアスは、ランキング上位のゴルファーから下位のゴルファーまで満遍なくみられ、ゴルフの神として知られるタイガー・ウッズも例外ではありません。

トップゴルファーが判断の歪みを修正した場合、72ホールあたり1打以上の改善が見込める結果が出ています。これは年間の賞金額に換算すると1億〜1.5億円相当です。

　特に、2007年のタイガー・ウッズの場合は1.7億円の増加が見込めるといわれており、バイアスを修正することによる利益はかなり大きいことになります。タイガー・ウッズは、2000年に110ホール連続ノーボギーという世界記録（当時）を打ち立てるなど、ボギーが少ないことで知られていますが、これも損失回避バイアスの影響だったかもしれません。

　ちなみに、ポープたちは試合終盤（4日制のゴルフなら4日目の終盤）で損失回避バイアスが小さくなることも示しました。つまり、終盤に近づくにつれ、バーディーパットの成功率が高くなっていくことが判明したのです。これは、試合終盤になると、規定打数を気にするよりもライバルの成績を気にするからではないかと解釈されています。

　首位の選手を追いかける選手は、ボギー（損失）を気にしていられず、リスクを取って難しいショットを決める必要があるということです。終盤ではバイアスが消えるという結果からも、普段のゴルファーは規定打数を気にしてプレーしていることが読み取れます。

ポープとシュバイツァーの研究③

○損失回避を改善すると
　　→72ホールで1打得する
　　→賞金に換算：1.5億円／年
○試合終盤は損失回避傾向が消える

> バーディーパットの
> 成功率が高くなる

バイアスと無縁⁉ デシャンボーの躍進

　ポープとシュバイツァーの分析から、損失回避バイアスを克服すれば競技の成績が伸びることが示唆されました。では、実際そのようなゴルファーはいるのでしょうか。可能性がある選手として、ブライソン・デシャンボーを取り上げます。

　デシャンボーはゴルフの科学者という異名を持ち、最高ランクは世界ランク5位（2020年）と、世界トップクラスのプレーヤーです。自身のショットをすべてデータ化したり、ゴルフ道具を自身で開発したりと屈指のデータ派として知られています。セオリーとは異なるショットを打つことも多く、損失回避バイアスの存在を知っている可能性もあります。

　そんなデシャンボーとウッズのパットの成績を比べてみましょう。比較に用いるデータは3つです。

①バーディーパットの成功率
　バーディーパットを置きにいく傾向があると成功率が落ちる
②3回パットを打つ確率
　果敢なパットに挑戦すると大失敗する確率が高くなってしまう
③2回パットを打つ場合の、2回目の位置

　まとめると、デシャンボーに損失回避傾向がない場合、①バーディーパットの成功率は高く、②3回パットを打つ確率は高く、③2回目のパット位置は大きい値になることが予想されます。

　デシャンボーとウッズを比較すると、次ページのように予想通りの結果になりました。デシャンボーは世界2位のバーディーパットの成功率を記録（ウッズは8位）していますが、3回パットを打つ確率・2回目パットの位置ではいい成績を残していません。特に、2回目パットを打

つ位置は、トッププロのなかでも下位であり、１回目のパットで置きに
いくという考えを捨てている可能性すらあります。

　デシャンボーは、この手法で勝利を積み重ねています。もちろんパッ
トだけで判断するのは早計ですが、彼の例をみると、損失回避を意識し
て克服する（＝統計的最善に則ってプレーする）ことで、成績を向上で
きるのではないかと考えられます。

■ウッズとデシャンボーのパット成績比較■

	バーディーパット 成功率	３回パットを打つ 確率	２回目のパットを 打つ平均位置
ウッズ （世界ランク１位）	32.0% （8位）	1.9% （5位）	63.5cm （3位）
デシャンボー （世界ランク５位）	37.3% （2位）	2.6% （68位）	73.6cm （138位）

※ランクは当時。ウッズは2007年、デシャンボーは2020年のデータ

損失回避バイアスの克服＝スポーツの伸びしろ

　ウッズやデシャンボーの例で、損失回避を克服することで、競技成績
を向上できる可能性について紹介してきました。

　スポーツには心技体の要素があるといわれていますが、「心」のなか
でも行動経済学にもとづいた意思決定を磨くことで、成績を伸ばすこと
ができる選手はたくさんいるでしょう。

　では、実際に損失回避を意識して克服することで、成績を向上させた
選手や監督はいるのでしょうか。次の節では、経済学にもとづいて採配
をするアメリカンフットボールの監督、ケビン・ケリーを取り上げ、彼
の戦略と数奇なキャリアを紹介します。

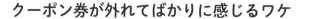

あなたもこんなところで損をしているかも？

クーポン券が外れてばかりに感じるワケ

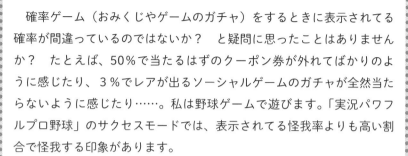

　確率ゲーム（おみくじやゲームのガチャ）をするときに表示されてる確率が間違っているのではないか？　と疑問に思ったことはありませんか？　たとえば、50％で当たるはずのクーポン券が外れてばかりのように感じたり、3％でレアが出るソーシャルゲームのガチャが全然当たらないように感じたり……。私は野球ゲームで遊びます。「実況パワフルプロ野球」のサクセスモードでは、表示されてる怪我率よりも高い割合で怪我する印象があります。

　これらは確率が間違っているのではなく、人間が損失回避バイアスで確率を外した（＝損をした）ことの印象を強く感じてしまうために、外す確率を多めに見積もってしまうことが原因の1つといわれています。つまり、人間は認知バイアスに影響されるため、確率を正しく評価するのが得意でないということです。

　この実際の確率と、感じられる確率の違いについて、おもしろい例を1つ紹介させてください。人気シミュレーションゲーム、「ファイアーエムブレム」シリーズにおける実質命中率という概念です。

　「ファイアーエムブレム」シリーズは、シミュレーションゲームで武将同士が戦います。その際、武器に命中率が設定されているのですが、攻撃が外れると戦いが劣勢になり、ユーザーはストレスを感じてしまいます。そこで、このシリーズでは本当の命中率ではなく、本当の命中率を下降補正（命中率50％以上の場合。50％未満の場合は上昇補正）した実質命中率という数字をプレーヤーに表示します。たとえば、実際の命中率が99％の場合、実質命中率（プレーヤーにみせる数字）は95％にする、といった感じになります。ユーザーが感じる確率とゲームで表示される確率を近づけ、人間の感覚に寄り添っているといえます。「ファイアーエムブレム」シリーズは息の長い作品ですが、人気の背景にはこういった認知バイアスにフレンドリーな姿勢も影響しているのかもしれません。

損失回避バイアスを克服した アメリカンフットボールの名将

 ケビン・ケリーの意外な作戦とは？

「マッドサイエンティスト」と呼ばれるアメリカンフットボールの監督ケビン・ケリーは、数々の特徴的な採配をしてきました。彼は次の①〜③のプレーのうち、どれを増やし、どれを減らしたと思いますか？

①走るプレー	②タックル	③キック

> つい

ピンチを嫌って、攻撃権を手放すパントを行なってしまう

損失回避バイアス

　正解は①〜③すべてを"減らす"です。走る、タックルする、キックするはどれもアメフトの基本のプレーに思えますが、損失回避バイアスを乗り越えるため、ケリーはどれも減らしたのでした。結果、監督として大成功を収めます。本節では、アメフトの損失回避バイアスと、それを克服した結果についてみていきましょう。

- アメフトを統計的に分析すると、もっと積極的に4thダウンギャンブルに挑むべきという結果が出る。しかし、失敗した際の損が大きいため、現場ではそのように踏み切れない。
- 4thダウンギャンブルを繰り返すケビン・ケリーという監督がいる。彼は高校アメフト界で実績を積み重ねている。
- 損失回避バイアスを克服した采配は、従来のセオリーと異なる。そのため選手やメディア等の理解を得るのが大変である。

4thダウンが損失回避バイアスに影響している

　アメリカンフットボール（アメフト）は、攻撃側のパスが失敗したり、攻撃側の選手がタックルを受けて倒されたりすると、プレーが区切られ、この1回のプレーを「ダウン」と呼びます。また、攻撃側は4回の攻撃（4回のダウン、4thダウン）以内に10ヤード前進することが求められています。10ヤード進めなければ、相手に攻撃権がわたり、10ヤード前進することできれば、また1回目から攻撃できます。今回は、この4thダウンで10ヤード進まないと相手にその場で攻撃権がわたるというルールが、損失回避バイアスにかかわってきます。

「4thダウン」か？　それとも「パント」か？

　Aチームが自陣深く（自分たちのゴールから20ヤード）で攻撃しているとします。現在3回の攻撃で7ヤード進み、4回目の攻撃で3ヤード進む必要があるという状況を仮定してみましょう。

　もし、4thダウンに失敗した場合"その場"、つまり今回の例であれば自陣ゴール近くで相手のBチームに攻撃権がわたります。Bチームは

37

20ヤード攻撃すれば得点できます。Aチームにとってこれは大ピンチ。かなり不利な状況でディフェンスをしなければなりません。

■アメフトのコート■

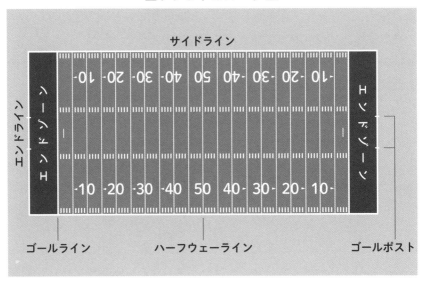

そこで、Aチームは4thダウンではなく、"パント"と呼ばれるボールをロングキックするプレーを選択し、自ら4回目の攻撃権を放棄することを考えます。NFL（アメリカのアメフトリーグ）のトッププロだとパントは50ヤードほど飛びます。Bチームはキャッチしたところから攻撃を開始する必要があるので、20＋50＝70ヤード攻撃する必要が生まれます。つまり、Aチームはパントで攻撃権を放棄することで、大ピンチを防ぐことができるのです。

4thダウンギャンブルと損失回避バイアス

パントをせずに4thダウンを狙うことは、"ギャンブル"と呼ばれるほど、アメフトの4thダウンは、リスクを伴います。

1-1のPKの例、1-2のゴルフの例でも明らかになったように、人は損を嫌う生き物です。そのため、勢いよくPKを蹴ったり、ゴルフで難しいバーディーを狙ったりするほうが統計的に優れた意思決定であっても、PKを外すことやゴルフでボギーを叩くことを避けてプレーしがちでした。

アメフトの4thダウンギャンブルでも同じことがいえます。パントはピンチを遠ざけるものの、自らの攻撃権を捨ててしまいます。一方、ギャンブルに挑んだ場合は、自らのピンチになってしまう可能性はあるものの、攻撃を1回目から継続できる可能性があるのです。

ギャンブルを失敗したときのピンチ（損）を恐れるあまり、数理的に不適当な意思決定をしている場合が考えられるのではないでしょうか。

実際、アメフトでは1回の攻撃で平均6ヤードほど進めることが知られており、先ほどの例のように残り3ヤードだったらギャンブルに成功する確率のほうが高いのです。

アメフトと損失回避

○4回以内に10ヤード進めない
　→相手にチャンスがわたる
　→失点（損）につながりやすい
○4thダウンギャンブルの成功率は高い
　→失点を恐れて、得点機会を逃している

アメフト観戦好き経済学者、ローマーの研究

アメフトはアメリカで大人気スポーツなので、多くの研究者やデータサイエンティストがアメフトの4thダウンギャンブルの有効性を訴えています。今回はそのなかでも特に有名なローマーの研究[iii]を簡単に紹介します。

ローマーは、著名な経済学者で、趣味のアメフト観戦が高じて4thダウンギャンブルの有効性を分析しました。アメフトチームを1つの企業組織として捉え、数理的に合理的な決断をしているかを検討するために、アメフトの4thダウンを題材として扱いました。

　ローマーは700試合以上のNFLの公式戦で、4thダウンギャンブルが有効だと考えられる場面を1068件見つけました。しかし、実際に4thダウンギャンブルが行なわれたのは、たったの109件で90％近くの場面で誤った選択をしていることが示されました。

　90％近くが間違っているというのは驚きで、損失回避バイアスの強さを思い知らされます。

ローマーの研究

○4thダウンギャンブル
　→実行しないのがセオリー
○統計的にすべきケース、1068件（700試合以上）
　→実際にしたケース、109件

マッドサイエンティスト「ケビン・ケリー」監督

　ローマーの研究で主張されたような内容を実践している監督がいます。2019年までの18年間アーカンソー州にあるプルスキ高校アメフト部の監督を務めた、ケビン・ケリーです。ケリーは2019年までの18年間で216勝29敗と戦績は大きく勝ち越しています。

　プルスキ高校は比較的小さな高校で、アメリカ全土から超有望な選手を集められるわけではありません。しかし、2015年には84連勝中のダラスハイランドパーク高校を倒すなど、超強豪を倒す下剋上を何度も果たしています。

　ケリーはプロのアメフト選手からコーチになったのではなく（同名の
NFLコーチ・選手がいますが、彼らとは別人なので注意してください）、
大学を卒業してすぐテキサスの高校のコーチになりました。

　もともと数字や統計が好きだったそうで、従来のアメフトの作戦に疑
問を持っていました。2002年からはプルスキ高校のヘッドコーチ（監督）
になり、自分の考えた作戦や戦法を実行できる立場になると、ユニーク
（傍から見れば常識外れ）な作戦を繰り広げます。

　ケリーのプルスキ高校がパントをしたのは、18年間でたったの7回
でした。通常のチームは1試合で4、5回パントするといわれているの
で、その破天荒ぶりがうかがえます。

ケリーのプルスキ高校

○18年で216勝29敗
○最強高校を撃破
　→最高監督賞を受賞（2016）
○"ギャンブルプレー"を連発
○キッカー、パンター、リターナー不在

止まらないケリーの改革

　ケリーが数理的に分析し、改革したことはパント以外にもあるので紹
介します。

　アメフトの攻撃には、大きく分けてパスプレーとランプレーの2種類
があります。ケリーは分析の結果、パスプレーのほうが圧倒的に効率よ
く攻撃できることを発見しました。そして、チームからランプレーを減
らし、パスプレーがうまい選手をフィールドに多く配置する特殊なフォ
ーメーションを組みました。

同様に、フィールドゴール（キックで得点を狙うこと）の非効率さに
もとづき、チームにはキッカーがいません。また、アメフトにはパント
を受け取るリターナーというポジションがありますが、ケリーのプルス
キ高校にはリターナーも不在でした。数理的に不要と判断されたからで
す。さらに、攻撃に比重を置いたほうが勝てると判断したケリーは、チ
ームのタックル練習の時間も大きく減らしました。

　こうして、ケリーは「ラン・タックル・キックを重視しない」という
極めて異例なチームを作り上げました。ケリーの就任前は州大会制覇な
ど夢物語だったプルスキ高校は、ケリーの改革によって強豪校へと変わ
り、18年で9度の州大会制覇を成し遂げました。

　異例づくしのプルスキ高校ですが、ケリーにとっては数理的に当たり
前なことをしただけともいえます。

どうして数理的な采配が広まらないのか

　ケリーの例をみると、損失回避バイアスを乗り越えて統計的に優れた
采配をする監督が増えればいいのに、と思いませんか？

　どうしてそうならないか、ケリーのその後のキャリアをみながら考え
ていきましょう。

　ケリーのキャリアに転機が訪れたのは、2020年。長年ヘッドコーチ
を務めたプルスキ高校を離れ、大学最高峰リーグであるディビジョンⅠ
のプレスビテリアン大学（サウスカロライナ州）のヘッドコーチになり
ました。

　しかし、結果は芳しいものではありませんでした。経営陣からは5勝
6敗以上の成績を求められましたが、実際は2勝9敗。1年でヘッドコ
ーチの職を解雇されてしまいました。

　スポーツメディアThe Athleticでは、ケリーの挑戦がうまくいかな
かった理由が多数挙げられています[iv]。なかでも興味深いのは、選手の
理解を得られなかった点だと思います。

　負け試合が増え始めると、選手はパントやランを増やしてほしいとケリーに要求するようになったそうです。結果、11試合で15回のパントと、プルスキ高校時代と比較すると、パント数はかなり増加しました。

　チームスポーツには、監督だけでなく選手にもやりたいプレーや戦術があります。革新的な戦術を実践する際、チーム全体の理解を得て進めるのは難しいのかもしれません。

　「それならば、チーム競技でなく、個人競技だったら損失回避バイアスを乗り越えやすいのではないか？」と思った方もいるかもしれません。個人競技ではアメフトのような監督や経営陣がおらず（コーチはいる場合が多いですが）、選手個人が意思決定をするので、損失回避バイアスを乗り越えやすいといえるのではないでしょうか。個人競技については、次の節でテニスのダブルフォルトの女王ことアリーナ・サバレンカを取り上げ、詳しく解説していきます。

周囲から信頼の厚かった知将でも地位が危うくなった

　チームの理解や信頼さえ得れば、革新的な采配も行なえるかというと、そのような単純なものでもないようです。知将ビル・ベリチックの例もご紹介します。

　ベリチックは2023年まで24年間NFLのニューイングランド・ペイトリオッツのヘッドコーチを務めました。スーパーボウルを８度制覇するなど、アメフト史に残る名将です。徹底した戦術を行なうことから「知将」とも呼ばれます。

　ベリチックは、キャリア初期は4thダウンギャンブルを７回に１回の割合でしか行なっていませんが、スーパーボウルを複数回制覇し、自身の地位を揺るぎないものにすると、4thダウンギャンブルの割合が４回に１回と増加しています。

　これは、周囲の信頼を得てから4thダウンギャンブル（すなわち損失回避をやめる）に取り組んでいるようにもみえます。チームの理解を得

てからやりたい戦術に取り組む、まさに「知将」と呼べる振る舞いです。

　しかし、そんな知将ベリチックでも、4thダウンギャンブルに失敗し、ヘッドコーチの地位が危うくなったことがありました。

　事件が起きたのは2009年、ライバルであるインディアナポリス・コルツ戦でした。ファンの誰もが勝利を確信した試合終盤に4thダウンギャンブルを行ない失敗、結果嘘のような逆転負けを喫しました。

　このベリチックの采配については、ファンやメディア、元選手から批判の声が続出。結局、ベリチック自身が解任されることはなかったものの、責任をとらされる形でディフェンスを担当するコーチが解雇されました。名将として信頼を勝ち得たベリチックでさえも、1度の4thダウンギャンブルの失敗で、ここまで批判されてしまったのです。

　多くのファンやメディアは、無意識のうちに損失回避バイアスにとらわれていると考えられるので、損失回避バイアスに逆らうような采配は受け入れがたい側面もあるのでしょう。セオリーと違う采配をしてしまうと、信じられない量の批判を浴びることにもつながります。

　損失回避バイアスを克服した采配をするためには、ファンやメディアの理解も必要なのです。

知将ベリチックの采配

○4thダウンギャンブル
　初期：7回に1回
　安定後：4回に1回
○2009年：ライバル戦で
　ギャンブル失敗

ディフェンスのスタッフが解雇

2020年頃から急増している4thダウンギャンブル

最後に、近年のアメフトのセオリーについても言及しておきます。2020年頃から4thダウンギャンブルは急増し、4thダウンギャンブル＝掟破りの賭けという認識は崩れつつあります。経営陣やスタッフにもデータに強い人が増え、統計的に最適な采配が広まりつつあるのかもしれません。

しかし、ローマーが示したような最適解にはまったく届いていません。アメフト界が4thダウンギャンブルに潜む損失回避バイアスをどのように乗り越えていくのかにも注目です。

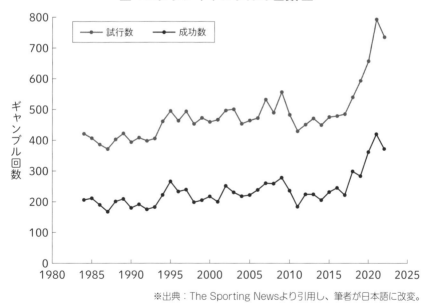

■4thダウンギャンブルの回数■

※出典：The Sporting Newsより引用し、筆者が日本語に改変。

「ファスナー合流」が普及しない理由

"損"が強調されてしまうシステムは、一般社会でもなかなか浸透しません。その例の1つが高速道路の合流におけるファスナー合流（ジッパー合流ともいう）でしょう。

ファスナー合流は、合流する先頭で本線の車と合流する車が1台ずつ交互に合流する方法のことで、渋滞の緩和に効果的であることが知られています。しかし、合流する車は先頭で合流する、つまり渋滞している本線の車を追い抜いて合流するという都合上、"ズルい"と思われることも多々あります。そのせいか、なかなか普及しません。

渋滞している本線の車からみれば、ファスナー合流する車は渋滞で待つ時間で（少し）得をしています。言い換えれば、本線の車は少し損をしているように感じられるのでしょう。人間は損を嫌う生き物なので、ファスナー合流を批判する気持ちになるのも頷けます。

損失回避バイアスの視点からみると、導入が難しいルールなのです。では、どうしたらこのファスナー合流が普及するのでしょう。これについては3つの方法が考えられます。

1つ目はファスナー合流の効果を数字で示すこと。NEXCO中日本の分析では、ファスナー合流をすることで渋滞が2割減ることが示されています。待ち時間が減るとわかれば、自身が損する印象を軽減できるかもしれません。

2つ目は、法律を導入すること。ドイツではファスナー合流をしないと罰金が課せられ、嫌でもファスナー合流せざるを得ないそうです。

3つ目は、本線と加速車線の間にラバーポールを設けて、強制的に先頭で合流させる方法です。これは環境を操作するという意味で、第6章で紹介するアフォーダンスの考え方にも近いです。

スポーツでも一般社会でも「損を感じてしまうルール」を普及させることは大変難しいのです。

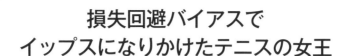

1-4

損失回避バイアスで イップスになりかけたテニスの女王

 セカンドサーブをどうやって打つ？

大事なテニスの試合で、セカンドサーブを打つとします。セカンドサーブは、コートに入らないと相手の得点になってしまいます。次の２つのサーブの候補があるとき、あなたならどちらを選びますか？

サーブ候補	コートに入る確率	入った際の得点率
①全力	60%	70%
②コントロール	80%	50%

つい

ダブルフォルトを恐れて、セカンドサーブを弱く打つ

損失回避バイアス

テニスの得点率は、「コートに入る確率×入った際の得点率」で求まります。そのため、この選択肢なら①を選ぶほうが得点率は高いです。しかし、実際にセカンドサーブを強打するテニス選手は少ないです。

本節では、セカンドサーブと損失回避バイアスについて紹介し、損失回避バイアスに影響されイップスになりかけた選手をみていきます。

- ●テニスではダブルフォルトを回避するため、２本目のサーブは加減を して打つ。これは損失回避的行動である。
- ●しかし選手によっては、加減をせずに２本とも全力で打ったほうが得 点の期待値が高い場合がある。
- ●ダブルフォルトで悩む選手もいるが、損失回避バイアスの視点からみ れば悩む必要がない場合もある。

テニスはサービスゲームが重要

　プロテニスでは、サーブを打つ側の選手が有利とされています。プロ の選手は豪速球のサーブを打つことができるので、受ける側は返球する のがやっとです。そのため、サーブを打つ側はサーブでの得点（サービ スエース）を狙うこともできますし、その後のラリーを有利に進めるこ とができます。

　自身がサーブを打つゲーム（サービスゲーム）を取ることを、「キー プ」と呼びます。有利なサービスゲームを「守った」というイメージで キープと呼ばれています。サーブ権はテニスのルールに沿ってゲームご とに交代します。

　男子のトッププロの選手になると、キープ率は80〜90％、女子では 70〜80％になることが知られています。サーブを受ける側がゲームを 取ること（ブレイクと呼ばれます）は、とても困難といえるでしょう。

　ここまでサーブを打つ側が有利になる理由に、１度まで失敗が許され ることが挙げられています。

　テニスでは、サーブが有効でない場合（所定のエリアに入らない場合 や空振りした場合）にフォルトが宣言され、もう一度サーブを打つこと ができます。２度目のフォルトが宣言されるとダブルフォルトとなり、

相手のポイントとなります。

　つまり、1度目は失敗してもよいので、強いサーブを打つことができますが、2度目は所定のエリアに入るように、威力を弱めてコントロールを重視することがセオリーとされています。

セカンドサーブと損失回避バイアス

　損失回避バイアスの視点で、このセカンドサーブのセオリーについてみていきます。セカンドサーブでフォルトになってしまうとノーチャンスなので、威力を殺してフォルトにならないようにするのがセオリーです。しかし、威力を殺したサーブは相手側も打ち返しやすいと考えられます。

　つまり、ダブルフォルト（＝損）を回避しようとして、強いサーブを打つというサーバーの優位性を捨てている可能性があるのではないでしょうか。実際にデータで確認していきましょう。

女子テニス世界ランクTOP100の選手のデータ分析

　女子テニスの世界ランクTOP100の選手の成績を平均してみました。まず、サーブがコートに入る確率（フォルトにならない確率）を計算すると、ファーストサーブは約6割でした。これがセカンドサーブになると約9割に跳ね上がります。セカンドサーブはコートに入れるというセオリーが実践されています。

　次に、各サーブが得点になる確率をみると、ファーストサーブは60％台だったのですが、セカンドサーブは45％でした。セカンドサーブは50％を下回っているので、むしろサーブを受ける側のほうが有利ということになっています。セカンドサーブは正確性を重視する代わりに、サーブを打つ優位性を捨ててしまっています。

これらのデータから、ダブルフォルト（＝明らかな損）を回避するために、数理統計的に優れていない選択肢を取っている選手がいる可能性が考えられます。

　さらに分析した結果、選手によってセカンドでもファーストサーブと同じサーブを打つほうが、ポイントの期待値が高い場合がありました。その中には、元世界1位のカロリナ・プリスコバや、現在（2024年2月）世界2位のアリーナ・サバレンカの名前もありました。超一流の選手でも、損失回避バイアスとみられる傾向によってデータからみて非合理的な意思決定をしている可能性があるのです。

テニスと損失回避

○ダブルフォルト：2回連続サーブを失敗

　→相手の得点

　→2回目はコートにいれるように打つ

○1stサーブ→2ndサーブにかけて

　コートに入る確率：63%→86%

　得点を取る確率：64%→45%

規格外のビッグサーバー

　サバレンカは、ダブルフォルトの女王として知られています。身長182cmから放たれる、最速200km/h近いサーブを武器に、2024年2月時点で、世界ランク2位（自身最高は1位）、シングルスでツアー通算20勝、4大大会では2勝と誰もが認めるトップ選手です。

　次ページにあるように、サーブの得点率や速度、サービスエースの数で世界トップクラスの成績を残しています。

サバレンカのサーブ

○サービスポイント取得率（2位）
○1stサーブ：平均170km/h（2位）
○サービスエース：405（3位）
○入った場合の得点率：74%（3位）
○2ndサーブの得点率：49%（14位）

　そんな彼女の成績で、唯一順位が2桁なのが、セカンドサーブの得点率です。サバレンカは、ダブルフォルトが非常に多いことで知られています。2022年の全豪オープンの前哨戦として行なわれたアデレード国際では、2試合でダブルフォルトを39本記録して連敗するなど、（少なくとも2024年現在では）ダブルフォルトで試合を乱してしまうシーンが散見されます。

　このアデレード国際の試合では、ダブルフォルトを嫌ってアンダーサーブを披露するなど、一部の報道ではセカンドサーブのイップスに陥っているのではないかという情報もありました。サバレンカは当時のインタビューに、「この○○（放送禁止用語）みたいなサーブをどうにかしたい」と答えており、ダブルフォルトについてナーバスになっていたことがうかがえます。

　彼女のサーブはフォルトが多いものの、入ればポイントが見込めます。たしかに、ダブルフォルトは避けるべきものだと教えられますし、大舞台においてダブルフォルト（＝自身の至らなさ）で負けるのは納得がいかないのもわかります。

　ただ、損失回避バイアスの観点からみれば、そこまでナーバスになる必要はなかったのではないかとも考えられます。彼女の最適なサーブ選びについて分析していきましょう。

ダブルフォルトを気にしないのが統計的な最適解

　2022年時点のサバレンカのサーブの成績をまとめると次のようになります（実際の成績をもとに、数字はキリのいいものに変更しています）。

■テニスのサーブ選び■

サーブ候補	コートに入る確率	入った際の得点率
全力	60%	70%
コントロール	75%	50%
中間	67.5%	60%

1st→2nd	得点確率	ダブルフォルト率
全力→コントロール	57%	10%
全力→全力	59%	16%
全力→中間	58%	13%

※数値は2022年のサバレンカをもとに算出。

　左の表には、彼女のサーブの候補を挙げました。"全力"サーブはファーストサーブの平均値、"コントロール"サーブはセカンドサーブの平均値を示しています。検証のために全力とコントロールの平均を取った"中間"サーブも候補に入れています。

　では、サバレンカはファーストサーブとセカンドサーブで、全力・コントロール・中間サーブのうち、それぞれどのサーブを選ぶのが最適解なのでしょうか。

　得点確率とダブルフォルト率について、計算した結果が右の表になります。

　なんと、ファーストサーブもセカンドサーブも全力サーブを選択すると、得点確率が一番高くなることがわかりました。ファーストには全力を、セカンドにはコントロールを打つことがセオリーとされていますが、得点確率は一番低くなってしまいました。

　ダブルフォルト率については、全力サーブを2回打つ戦略が一番高くなっています。このダブルフォルト率16%というのは、プロ選手のな

かでも極めて高く、この戦略を選んだ場合ダブルフォルトが悪目立ちするのは間違いありません。

しかし、サバレンカほどの全力最強サーブがあるのなら、ダブルフォルトなんてお構いなしに、全力サーブを打ち続けることが統計的には最適解であることがわかります。

統計的には問題がなかったといえますが、サバレンカは、セカンドサーブが入らないことに大きな悩みを抱えていました。

ダブルフォルトという明らかに損を感じる仕組みがあることで、ダブルフォルトを避けねばならないという強迫観念にも近いものに襲われていたのではないでしょうか。

全米オープンの「サバレンカVS大坂なおみ」

最後に、サバレンカとダブルフォルトについて象徴的なエピソードを1つ取り上げます。

2018年の全米オープン4回戦、サバレンカは同学年のライバルである大坂なおみと対戦しました。両者譲らぬ緊迫したゲーム展開で、試合はタイブレークにもつれ込みます。大阪が5回目のマッチポイントを迎えた際、サバレンカは渾身の力を込めて185km/hのサーブを放ちます。結果は惜しくもダブルフォルト。大坂はこの試合に勝利。勢いそのままに4大大会初優勝を果たし、一躍スターになりました。

一方のサバレンカは、自身のミスに苛立ちが募ったのか、ラケットを投げ捨ててしまいました（バッドマナーとされる行為です）。

ここで強調したいのは、このサバレンカのサーブ選びは、おそらく統計的に正しい選択だったということです。特に、大坂なおみはサーブのリターンが得意な選手なので、コントロールサーブを打っても不利になると考えられます。

ダブルフォルトで負ける光景は、滑稽にも映りますし、なぜそんな負け方をしたのかとメディアからもいわれてしまうかもしれません。ただ、

データの視点からみた意思決定としては、よい判断をしていました。

　もし、サバレンカの周囲やコーチスタッフに行動経済学に詳しい人がいれば、彼女はここまでダブルフォルトにナーバスにならずに済んだのではないかとも考えてしまうエピソードです。

損を必要以上に意識すると勝利が遠のく

　このサバレンカのエピソードのように、目に見える損失を回避しようとするあまりに、数理的には妥当でない悩みを抱える例や批判をされてしまう例は他スポーツでもみられます。

　たとえば、野球の「守備でのエラー」もその1つです。エラーはわかりやすい損なので、つい避けたくなってしまいます。少年野球では、エラーをしないような守備を教えることも多いようです。しかし、エラーを恐れて消極的な守備をすると、本来アウトにできたプレーもアウトにできず、かえって勝利が遠ざかることもあります。エラーという損を恐れず、果敢な守備をすることも大切といえるでしょう。サッカーの「パスやドリブルでのボールロスト」も同様です。

　これらのミスは、選手はもちろん、ファンも気がつきやすく、批判の対象になることも多いので、明確な損だといえるでしょう。だからといって、損を必要以上に意識してしまい、安全なプレーを繰り返すだけでは、勝利につながりません。選手はもちろん、コーチやファンも含めて、損失回避バイアスに影響されていないかを意識して、克服していく必要がありそうです。

　では、この損失回避バイアスは、どのようにしたら克服できるのでしょうか。次の節では、この克服法について研究をもとにアイデアを紹介していきます。

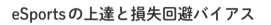

あなたもこんなところで損をしているかも？

eSportsの上達と損失回避バイアス

「競技に上達するためには、損失回避バイアスを乗り越える必要がある」と思うことがあります。特に、eSportsではよく感じます。eSportsは一般スポーツに比べ、体格や運動能力が重視されない分、意思決定の力が実力につながりやすいように思えます。

意思決定をする際、損失回避バイアスは、誰にでもみられるため、乗り越えることで他プレーヤーに対しアドバンテージを取れるようになるのではないでしょうか。

たとえば、ApexやVALORANTのようなFPS・TPSゲームを初心者がプレーすると、まずは自身がやられること（＝損）を回避するようなプレーをします。自身がやられるリスクを取りつつ、相手を倒すことを学ぶのが上達の第一歩といわれていますが、これは損失回避バイアスからの脱却を示しているのではないかと思います。

またたとえば、「デュエル・マスターズ」や「ハースストーン」のようなTCG・DCGゲームでは、初心者は守備的な戦術（例：ライフを守る）を好むと聞きます。カードゲーム界では"ライフはリソース"（意味：自分が負ける寸前になっても相手を倒せればいいこと）という格言がありますが、これも損失回避から抜け出すことの重要性を意味しているように思えます。

近年は、野球の「パワプロ」シリーズや、サッカー「イーフト」「EA SPORTS」シリーズなど、実際のスポーツを題材としたeSportsも増えてきました。これらのeSportsでみられる戦略は、損失回避バイアスを脱却しているという意味で、実際の運動競技にも採用できるものかもしれません。

スポーツの競技レベルや戦術をさらに発展させるヒントは、eSportsにあるのではないかと考えています。

野球の"送りバント"で
損失回避バイアスの克服法がわかる

 送りバントはどの場面で有効でしょう？

あなたは野球の監督で、送りバントの采配をするか考えています。

以下の３つのシチュエーションのうち、送りバントによって得点が<u>減ってしまう</u>とされているのは、どれでしょうか（複数回答可）？

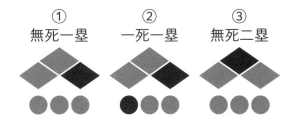

①　　　　②　　　　③
無死一塁　一死一塁　無死二塁

つい

ダブルプレーを恐れて、送りバントをしてしまう
損失回避バイアス

近年のデータ分析によって、送りバントは有効でないことが明らかになっています。上の①②③、どのシチュエーションでも送りバントは得点期待値を増やさないことが知られています。

本節では、送りバントに潜む損失回避バイアスと、それを乗り越える方法について紹介していきます。

---------------------- **POINT** ----------------------

● 野球の送りバントは数理統計的に非効率といわれている。送りバント採配を改善すれば、1勝増えると見込めるチームもある。

● それでもバントをする理由として、最悪の展開（＝ダブルプレー）を避けたいという損失回避バイアスがあると考えられる。

● 損失回避バイアスを克服する方法として、リフレーミング・コミットメント・AIの活用といった方法が知られている。

WBCメキシコ戦のサヨナラ勝ちと送りバント

本節では、野球の送りバントにみられる損失回避バイアスについて紹介していきます。本題に入る前に、送りバントをせずに成功した場面（成功例）を取り上げます。

2023年に行なわれた第5回WBCで、日本代表は準決勝でメキシコ代表と対戦しました。激闘となった試合は、1点ビハインドで日本が9回裏、最後の攻撃で大谷翔平の二塁打、吉田正尚の四球で無死一塁二塁のチャンスになります。ここで日本ベンチには2つの選択肢がありました。

1つ目は、5番の村上宗隆をそのまま打席に立たせること。しかし、村上は不調気味で、この日もここまで3三振。ダブルプレーでサヨナラのチャンスを潰す、という"最悪"の展開も予想されました。

2つ目の選択肢は、牧原大成を代打で出し、送りバントをすること。バントに成功すれば、一死二塁三塁とワンヒットでサヨナラの状況にできます。牧原はプロ通算57犠打と、村上（通算0犠打）に比べてバントの経験も豊富です。ただし、ここで代打に牧原を出したら、バントを警戒されることは間違いありません。

この場面は、野球解説者、メディア、ファンの間で意見が分かれました。当時解説していた里崎智也は、送りバントもあり得るとの見解を示

していました。

　実際には村上がそのまま打席に立ち３球目をフルスイングすると、打球は左中間深くへ。一塁走者も生還する２点タイムリーヒットとなり、日本代表は劇的なサヨナラ勝利を遂げたのです。

　もし、村上がダブルプレーになっていたら、日本は敗退に大きく近づき、とんでもない批判をされることが間違いないシーンでした。保守的に振る舞うのであれば、送りバントがセオリーの場面でしたが、見事リスクをとって、サヨナラ勝ちをつかみとることができました。

野球のシステムと送りバント

　送りバントと損失回避バイアスの関連性という本題に入る前に、まずは送りバントの戦術について再確認しましょう。

　送りバントは、攻撃側が取る戦法で、主にノーアウトで、ランナーが一塁や二塁にいる状況で実行されます。

　バットをフルスイングするのではなく、両手でバットを構えることで、ピッチャーの投げたボールをバットに当てて地面に転がします。送りバントをすると（基本的には）打者はアウトになります。その代わり高い確率でランナーが進塁することができます。ランナーを次の塁に送るという意味で、「送りバント」と呼ばれています。

　先ほどのメキシコ戦の例でいえば、無死一塁二塁で送りバントをすると、一死二塁三塁という状況になります。アウトを犠牲にする代わり、ランナーが進む。つまり１点を着実に取りにいくために使われる戦術で、「手堅い」と形容されることもあります。

　送りバントは、特にアマチュア野球で多くみられます。アマチュア野球では、打力のある選手が限られている場合があり、チャンスでその選手に回すことに大きな価値があります。また、相手の守備力が低い場合は、送りバントで揺さぶることも有効でしょう。

　一方、打力も守備力も高い水準のチームが対戦する場合は、送りバン

トは効果的ではないという指摘がされています。

そもそも、野球というスポーツは、3アウトの間に4つの塁（一塁・二塁・三塁・ホーム）を進む必要があります。送りバントは1アウトを献上する代わりに、ランナーを1つしか進めることができないので、非効率と考えられます。では、実際にどの程度非効率的なのか、野球データ分析会社DELTAに所属する蛭川らの分析[vi]をみてみましょう。

得点期待値も得点確率も減少する送りバント

蛭川らは、2014〜2018年の日本プロ野球を対象に、送りバントによって得点期待値と得点確率がどのように変化するかを分析しました。

得点期待値は、得点が何点期待できるかという指標です。たとえば、無死一塁の得点期待値は0.804点ですが、一死二塁では0.674点です。つまり、送りバントで無死一塁が一死二塁になると、期待できる得点は0.13点減るといえます。

また得点確率は、1点を取ることができる確率です。無死一塁の得点確率は40.2%ですが、一死二塁では39.4%となり、0.8%減ります。

これらの結果から、無死一塁からの送りバントは、期待できる得点だけでなく1点を取ることができる確率も減らしてしまうことが明らかになりました。

その他の塁状況の結果については、下表のようになりました。分析した4つの塁状況では、無死二塁を除いて、送りバントは得点期待値も得点確率も減ってしまう。つまり、送りバントは非効率的な戦略だといえそうです。

■蛭川の分析①■

塁状況	得点の増減	得点が入る確率
無死一塁	−0.13点	−0.8%
一死一塁	−0.18点	−4.5%
無死二塁	−0.15点	2.1%
一死二塁	−0.33点	−14.6%

得点が入る確率は無死二塁の場面のみ増える。

他場面では得点も確率も減る。

送りバントによって年間１勝損するチーム

　蛭川たちは送りバントの損益分岐点も算出しました。損益分岐点は売上と費用が同じになる点をいう会計用語ですが、この場合、送りバントの損得の境目を指しています。検討の結果、なんと「送りバントは打率.103以下の打者がやる場合に有効である」と示唆されました。

　この期間では（セ・リーグの投手を除いて）100打席以上出場したすべての打者で、打率が.103を下回る選手はいませんでした。つまり、どの選手も送りバントをすべきでないという知見が得られました（あくまで、打者がアウトとなることを前提とした送りバントを想定し、かつ、相手の守備力や守備位置を加味した分析ではないため、すべてのバントが不要であると主張しているわけではありません）。

蛭川の分析②

○100打席以上出場したすべての打者
　無死一塁でバントをすべきでない

打率.103以上の打者は
バントを非推奨

○バントの損益分岐点（無死一塁）
　加重出塁率（wOBA）.151

　追加の分析では、非効率的な送りバントによって、チームによっては年間10得点損していることが示されました[vii]。セイバーメトリクス（野球分析）では10得点増えると、１勝増えるといわれているので、非効率的なバントによって年間１勝損しているチームもあるということです。

なぜ送りバントはなくならないのか

　送りバントは、メジャーリーグベースボール（以下、メジャー）でも

日本のプロ野球でも減少傾向にあります。それでも、チームによっては年間１勝ほどの非合理的な意思決定が続いている状況にあります。

では、どうして非合理的な送りバントがなくならないのでしょうか。これについては、メディア、ファンの間で多くの議論がされています。

具体的には、「１ヒットで得点になることを過大評価している」「ダブルプレーという"最悪の結果"を恐れている」「バントをすることで相手の守備が乱れる」「アマチュア野球ではバントが有効なので、成功体験としていい思い出がある」「バントという役割があることで、選手のメンタルヘルスが向上する」などの要因が考えられています。

この要因のなかでも、最初の２つは損失回避バイアスに影響されていると思われます。

１つ目の「１ヒットで得点になることを過大評価している」というのは、無得点でイニングが終わるという、もったいない（＝損）展開を回避したいという損失回避バイアスがみられます。なお、送りバントでは得点確率が増えないことが多いので、このアイデアは統計的確率を正しく評価できていない、歪んだ意思決定であるといえます。

２つ目の「ダブルプレーという"最悪の結果"を恐れている」は、ダブルプレー（＝損）を避けたいという、まさに損失回避バイアスど真ん中です。バントをせずにダブルプレーになることを形容する"最悪の結果"という表現がまさに、損を強調する言い方です。

送りバントと損失回避

○ランナーを進める
①１ヒットで得点になる
　→無得点を回避できる（はず）
②ダブルプレー（＝明らかな損）を防ぐ
　→チャンスを潰さずにすむ

損失回避バイアスだといわれている

以上の根拠から、戦術としては非効率的である送りバントをしてしまう背景には、少なからず損失回避バイアスがかかわっていると判断してよいでしょう。

　損失回避バイアスを乗り越えることができれば、より勝利に直結する采配をできるように思えます。また、本書ではここまで、サッカー、ゴルフ、アメフト、テニスを例に、損失回避バイアスが幅広くみられることを示してきました。認知バイアスを克服する方法がわかれば、他のスポーツの競技力向上に貢献できるかもしれません。

　ここからは、行動経済学の研究[viii]を参考に、損失回避バイアスを乗り越える方法として「リフレーミング」「コミットメント」「AIとの共存」の3つのアイデアを紹介します。

損失回避を克服

①リフレーミング：思考の枠組みを変える
　　　　　　　　　利益を強調する
　　　　　　　　　最悪の結果を熟考する
②コミットメント：行動に制限を設ける
　　　　　　　　　他の選択肢をなくしてしまう
　　　　　　　　　個人が嫌だと感じる約束をする
③AIとの共存

克服法①：リフレーミング

　1つ目の克服法は、「リフレーミング」と呼ばれるものです。

　これは、フレーム（＝思考の枠）を捉え直す（RE）という意味です。つまり、損失回避的になってしまう、自身の思考を見直すという手法です。

　思考の見直し方には「利益を強調する」手法と「最悪の結果を熟考す

る」手法の２パターンがあります。

　人間は普通に考えると損失を重くみてしまうので、「利益を強調する」ことで、損失回避バイアスに抗えるといえます。たとえば、送りバントをしない場合の成功例として、先述のWBCの例を強く思い浮かべることができれば、ダブルプレーという損を過剰に評価せずに済むでしょう。

　リスクを取る場合は、ついつい失敗することを考えてしまいがちですが、成功した場合の利益を忘れないようにすることが大切といえます。

　「最悪の結果を熟考する」手法も有効とされています。送りバントの例でいえば、ダブルプレーになることが最悪の結果とされています。しかし、よく考えてみると、野球における最悪の結果は試合に負けることであり、ダブルプレーになる危険性があっても勝利に近づく選択肢を取ることが求められるはずです。

　1-1で扱ったPKの例も同じです。PKを外すのは最悪な結果ではなく、PK戦に負けるのが最悪な結果です。何が最悪であるか、本当に避けなければならない損失は何であるかを熟考することで、目の前の損にとらわれずに意思決定しやすくなるでしょう。

　このように、自身の考え方を見直す「リフレーミング」を用いることで、損失回避バイアスを克服することが期待できます。そのためには、本書を始めとした入門書で行動経済学を学び、試合後のミーティング等で意識してリフレーミングの時間を取り入れるとよいでしょう。

克服法②：コミットメント

　リフレーミングは有効ですが、自分の思考を見直すのは労力がかかります。続いて紹介する「コミットメント」は、自身の行動に制限を設けるという手法です。

　コミットメントの著名な例としては、1500年代にスペイン軍がメキシコに侵攻したときの例が挙げられます。スペインの将軍は、メキシコに着いた際、１隻を除いてすべての自船を焼き捨てました。こうするこ

とでスペイン軍は、戦う以外の選択肢を奪う仕組みをつくり、戦いを有利に進めました。

1-3で挙げたアメフトのケビン・ケリーはこれを使い、自身のチームからパンター・キッカーを排除し、損失回避的なパントができないようにしていました。極端ですが、バントのサインを用意しない、PKは転がすの禁止、と強い制限を課すのも手かもしれません。

また、コミットメント関連は、罰則の決め方にもコツがあります。プロスポーツでは、チームのルールを破った選手に懲罰交代や罰金を命じることがあります。行動経済学の領域では、さらに優れた罰の設定方法として、約束を守れなかった場合に、自分の主義に反する団体や嫌いな団体に寄付をする方法が知られています。単に、悪い行動にペナルティを設けるだけでなく、ペナルティがあることで自分の好みでない人たちが利益を得るようにすると、人はより頑張るという仕組みです。

プロスポーツ選手であれば、身につける物やお金の使い方にこだわりがあると思います。罰金を設けるだけでなく、その罰金を好きでない車のメーカーや時計のメーカーなどに寄付するようにインセンティブを設定することで、選手の奮起をより望めるかもしれません。

このコミットメントを用いて、損失回避的な行動をしないように制限をすることも、有効な策であるといえるでしょう。

克服法③：AIとの共存

最後は、AIとの共存です。昨今AIはどんどん発展し、様々なアイデアを提案してくれるようになりました。AIは数理統計的に最適な作戦、つまり認知バイアスがない作戦を提示するのが得意ですから、彼らを参考にすることで意思決定の質を高めることができると予想されています。

囲碁や将棋、麻雀といったボードゲームでは、すでにこの手法が取られています。AIの手を学ぶトッププロも増えており、AIの手とどれくらい一致するかという指標で選手が評価されることも増えています。

野球でも、どのコースにボールを投げればよいのか、というキャッチャーAIが作成されています[ix]。キャッチャーAIはセオリーと異なるような選択をすることもあるため、批判されることもあるようですが、このセオリーと異なるという部分に、戦術や采配の進化する余地が隠されているのではないでしょうか。

本章で扱った、送りバントやPK、テニスのサーブなどといった題材についても、まずはAIを作り、そこから人間が学んでいくという手法をとることができそうです。

損失回避バイアスとスポーツ

さて、本節では、送りバントに潜む損失回避バイアスについて紹介し、それを乗り越えるためのアイデアとしてリフレーミング・コミットメント・AIとの共存という3つを取り上げました。

野球の送りバントを筆頭として、サッカー、ゴルフ、アメフト、テニスといった様々なスポーツで、一流選手にも損失回避バイアスがみられました。このバイアスを克服することで、勝利を増やすことにつながります。損失回避バイアスを代表とする認知バイアスは、誰にでもみられるもので、一流選手も例外ではありません。だからこそ、意思決定の部分を改善することで、勝利の確率が高まります。

ここで取り上げたスポーツ場面以外でも、損失回避バイアスは幅広くみられるはずです。スポーツファンの方は、損失回避バイアスに注目してスポーツをみることで、より深くスポーツを楽しめると思います。

スポーツ選手やスタッフの方は、行動経済学を学ぶことで、競技力の向上につながるでしょう。

第2章以降でも、どのような場面でどの認知バイアスがみられるか、またそれによってどの程度の影響（損失額や勝敗）が出ているかを紹介していきます。続く第2章では、損失回避バイアスの関連領域として、「フレーミング効果」という認知バイアスについて扱っていきます。

スモールベースボールで勝率は上がる？

　野球では、ホームランのように勝率を大きく高めるプレー以外にも、送りバントや盗塁といった小技があります。小技は使う場面によっては勝率を高めることができるため、特に重視するスモールベースボール（スモールボール）という戦略があります。

　日本の球団のなかでスモールベースボールを掲げて強かったのは、V9を達成した読売ジャイアンツや森祇晶監督時代の西武ライオンズが挙げられます。ただし、これらのチームは、王貞治や長島茂雄、清原和博、秋山幸二らといった球界を代表する長打力も兼ね備えていました。

　小技重視と長打力重視は一見矛盾するようにみえます。最近は長打の重要性がデータで示されており、小技が軽視されている印象を受ける方もいるかもしれません。

　しかし、意思決定という視点から捉え直すことで、スモールベースボールとビッグベースボールは両立できると考えています。というのも、小技という手札を常に持っていること、つまり「小技をするか考えた結果、実行しない」という意思決定のプロセスの存在が大切だと捉えているからです。

　たとえば、送りバントをするか毎度考えることで、（稀に訪れる）有効な場面ではきっちり送りバントをして、勝率を高めることが考えられます。小技のような小さな勝率を積み上げるチャンスを、決して無駄にしない姿勢こそが現代のスモールベースボールといえるのではないでしょうか。

　スモールベースボールは小技を重視しますが、それは小技を増やすことを意味しなくてもよいはずです。適切なタイミングで小技を繰り出す良質な意思決定を大切にすべきだと考えています。

第1章まとめ：損失回避バイアス

◎損失回避バイアスとプロスペクト理論

　この章では、スポーツのどのような場面で損失回避バイアスがみられ、数理統計的に最適な振る舞いができないことを、紹介してきました。

　損失回避バイアスは、損失を避けようとする個人の傾向を指し、人々は損失を同等の利益よりも重く感じる傾向があることが知られています。

　より専門的な用語を用いて説明するならば、損失回避の法則はプロスペクト理論の観察結果の1つとされています。

　プロスペクトとは「見込み、期待」を意味する英単語で、人の見込みについての意思決定の歪みを扱うのがプロスペクト理論です。この理論では、価値関数や確率加重関数といったより数学的な概念を用いて、人間の意思決定を議論します。

　価値関数の例をグラフに示しました（次ページ）。

　横軸は利益を表しています（原点が0円なので、グラフ左側は損を表します）。縦軸は価値を表します。嬉しさと読み替えてもらっても問題ありません。

　このグラフをみると、利益を得た場合（右半分）より損をした場合（左半分）のほうが、グラフの傾斜が大きくなっていることがわかります。つまり、得をした喜びよりも、損をした悲しみのほうが大きいということが、グラフによって表現されています。

　この例では、5万円失った場合と、5万円を得た場合を比較しています。5万円という意味では同額なのですが、得た場合と失った場合で受け止め方が違うということでした。

　損失がもたらす影響は、利得のおよそ2倍程度と示す研究もあり、いかに人間が損を嫌がるかがわかります。

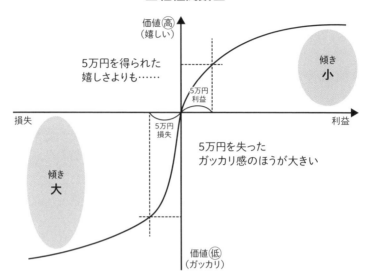

■価値関数■

価値⑤
（嬉しい）

5万円を得られた
嬉しさよりも……

5万円
利益

傾き
小

損失

利益

5万円
損失

5万円を失った
ガッカリ感のほうが大きい

傾き
大

価値⑥
（ガッカリ）

※出典：STUDY HACKER（https://studyhacker.net/prospect-theory）より引用。

　このように、意思決定を価値関数や確率加重関数といった数学的な道具を用いて分析するのが、プロスペクト理論です。

　プロスペクト理論では、本章で扱った損失回避傾向の他にも、参照点依存や感応度逓減性といった認知バイアスが提唱されています。参照点依存については次の章で簡単に紹介していきます。

　プロスペクト理論および、損失回避バイアスの理論的な部分が気になる方は、ぜひ行動経済学に特化した入門書を手にとっていただければと思います（詳しくはP215）。

◎損失回避バイアスの例

　では、この損失回避バイアスは、日常（ビジネス）においてどのように活かされているか、紹介します。

　我々が損を嫌うという視点に着目したのが、フィアアピール（恐怖を強調）という商品の売り方でしょう。

　たとえば、「交通事故にあったら家族が困ります」といった保険サービスの売り文句や「投資をしないと老後が大変」といった金融商品の売り文句は、損失を強調しており、フィアアピールの代表例といえるでしょう。

　フィアアピールの他にも、機会損失（取るべき行動を取らないと利益を逃すこと）を強調するようなアピールも、損失回避バイアスを活かしたビジネスだといえるでしょう。

　たとえば、期間限定の大型セールはこれに該当します。「週末まで全商品○％オフ」といわれると、期間中に買わないと損をしたような気分になりますよね。こういった状況では、将来使うかどうかわからない商品でも買ってしまう傾向にあります。期間限定のセールをすることで、利用者のお財布の紐がゆるくなることが期待できるので、セールする側も儲かるという算段です。

　他にも、ポイントカードやポイントアプリも損失回避バイアスを上手に使っている例です。たとえば、コンビニＡのポイントを貯めている人にとって、コンビニＢで買い物するのは損に感じます。その結果、損を嫌って、コンビニＡをリピートする確率が高まることが期待されます。

　このように、我々の日常生活は、プロスペクト理論や損失回避バイアスが活かされたビジネス手法やマーケティングにあふれています。

　ただし、損や恐怖を強調し続けるやり方は、ユーザーからの信頼を失うことにもつながりかねません。ビジネスに応用する際には、行動経済学をしっかりと学び、用法・用量を守って運用することが大切といえます。

参考文献

i 元川悦子. (2020). 「「人とすれ違うのも怖かった」南アW杯の"戦犯"と呼ばれた駒野友一が明かす10年前の真実」『Yahoo!ニュース』https://news.yahoo.co.jp/expert/articles/452eacde015c4e13cb20cdc923c3f43cfeac311b

ii Pope, D. G., & Schweitzer, M. E. (2011). Is Tiger Woods loss averse? Persistent bias in the face of experience, competition, and high stakes. *American Economic Review, 101* (1), 129-157.

iii Romer, D. H. (2006). Do firms maximize? Evidence from professional football. *Journal of Political Economy, 114,* 340-365.

iv The Athletic. (2022). Why Kevin Kelley, the coach who never punts, punted on college football after one season. Retrieved from https://theathletic.com/3183743/2022/03/15/why-kevin-kelley-the-coach-who-never-punts-punted-on-college-football-after-one-season/

v データは以下のURLから取得した。https://www.tennis.com/news/articles/aryna-sabalenka-figure-out-her-serve-australian-open-2023-champion

vi 蛭川皓平・岡田友輔 (2019). 『セイバーメトリクス入門 脱常識で野球を科学する』水曜社.

vii 宮下博志. (2023). 「打ったほうがよい打者にバントさせることでどれだけ損をしているのか」『1.02 - Essence of Baseball』https://1point02.jp/op/gnav/column/bs/column.aspx?cid=53934

viii たとえばアメリカにあるTHE DECISION LABという会社は、人々やプロダクトから認知バイアスを取り除く事業をしており、そのための例を会社のホームページに掲載している。サイトはこのURLからアクセスできる。https://thedecisionlab.com/

ix データスタジアム (2020). 『「失点抑止に最適な球種・コース」を提示するAIの開発に成功 日本テレビ系プロ野球中継内での利用が決定』https://www.datastadium.co.jp/news/5746

第**2**章
フレーミング効果

考えの「フレーム」を見直して
正しい意思決定をする

　　100点満点のテストで80点を取ったとき、80点を取れたと喜ぶ人もいれば、20点を失ったと悲しむ人もいます。同じ80点でも、どのように捉えるかで印象が変わってきます。この例のように、同じ状況でも、それが提示される方法によって、意思決定が変化する現象はフレーミング効果として知られています。

　　本章では、野球の盗塁や、野球やサッカーのビデオ判定、サッカーの勝ち点システムなどで、思考の枠組み（フレーム）によって選手や審判の意思決定が変化する可能性について、理解を深めていきましょう。

野球では勝利が遠ざかる盗塁で
4億円損している

 非効率な盗塁の采配が行なわれる点差は？

野球では、特定の点差で勝利が遠ざかる盗塁をする采配が多いことが知られています。その点差は次の①〜③のどれでしょう。

①2点ビハインド
②同点
③2点リード

> つい

同じ塁状況でも、ビハインド時は非効率な采配が増える

フレーミング効果

先行研究では、リードされているときは、リードしているときに比べて、非効率な盗塁が増えることが知られています。つまり、負けを回避しようとするあまり、よくない采配が増える可能性が考えられます。

本節では、思考の枠組み（フレーム）が意思決定に影響を与えるというフレーミング効果を紹介します。点差というフレームの違いによって盗塁の采配がどのように影響を受けるのか、確認していきましょう。

- 同じ意味を持つ情報であっても、焦点の当て方によって意思決定が変化することは、フレーミング効果として知られている。
- 野球では、同じ塁状況（ノーアウト一塁）でもリード時（ポジティブフレーム）とビハインド時（ネガティブフレーム）によって、采配が変わることが考えられる。
- 盗塁の采配はビハインド時に非効率になる。フレーミング効果の一種とみられる認知バイアスで、メジャーでは年間0.5勝、金額に換算すると4億円ほど損している。

損失回避バイアスが生んだ甲斐キャノン

2018年の日本シリーズ、福岡ソフトバンクホークス（ソフトバンク）は広島東洋カープ（カープ）を下し、2年連続の日本一になりました。

この日本シリーズで話題になったのは、ソフトバンクの捕手・甲斐拓也でした。カープは機動力を武器にセ・リーグを3連覇しましたが、甲斐は見事なスローイングでカープの足を封じました。カープが試みた6度の盗塁を、甲斐はすべて阻止。甲斐の強肩を表すニックネーム「甲斐キャノン」はこの年の流行語大賞の候補にもノミネートされました。

特に、最終戦となった第6戦は、盗塁阻止が試合の流れを大きく決定づけました。1回裏、カープは先頭の田中広輔が出塁するも盗塁死。初回の勢いが止まりました。2回裏、カープは二死一塁三塁から、一塁走者の安部友裕が盗塁死。貴重なチャンスを失いました。

実はこの2つの盗塁は、セイバーメトリクス（野球統計学）の観点からは、よくない采配（勝利確率を下げる采配）だといわれています。盗塁してアウトになる可能性を考慮すると、普通に打たせたほうが勝利につながるということです。

試合後にカープの緒方孝市監督は「走れば送球エラーとかもある。動いて突破口を開こうと思った」とインタビューで答えており、追い詰められた状況のなかで相手のミスに期待し、分の悪い“暴走”を命じてしまったといえるでしょう。

　後がない試合で無謀な采配をしてしまうのは、損失回避的な行動です。追い詰められた状況でリスクを好む意思決定をするというのは、第1章で紹介した損失回避バイアス（プロスペクト理論）で提唱されています。

　では逆に、追い詰められていないような状況では、野球の監督はより正確な采配をできるのでしょうか。本節では第1章の損失回避バイアスからさらに踏み込み、フレーミング効果について考えていきます。

フレーミング効果

　フレーミング効果とは、同じ意味を持つ情報であっても、その情報を捉える情報の枠組み（フレーム）によって意思決定が異なる場合があるという認知バイアスです。

　たとえば、重大な病気にかかり手術を検討するとします。この手術は90％で何事もなく成功し、10％で死亡または重い後遺症が残ってしまうとします。このとき、医者から「手術の成功率は90％です」といわれるのと「手術の失敗率は10％」といわれるのでは、手術への印象が変わるのではないでしょうか？

　成功率を説明されると少し安心した気分になれますが、失敗率を説明されると手術を考え直したくなると思います。「成功率90％」と「失敗率10％」は数理的には同じことを意味しているにもかかわらずです。

　このことから、同じことを意味していても、成功率という枠組み（フレーム）で説明された場合と失敗率というフレームで説明された場合では、印象や判断が異なることが予想されます。

ポジティブフレームとネガティブフレーム

　フレーミング効果の研究では、成功率のようにポジティブな捉え方を「ポジティブフレーム」、失敗率のようにネガティブな捉え方を「ネガティブフレーム」と呼んでいます。

　ネガティブフレームは損失を強調する言い方になるので、損失回避バイアスが働き、意思決定が影響されるといわれています。

　もう1つ例を紹介しましょう。あなたは、学校の100点満点のテストで80点だったとします。

　このとき、「80点も点が取れてうれしい」と加点法（ポジティブフレーム）で思う人もいれば、「20点も失ってしまって悲しい」と減点法（ネガティブフレーム）で思う人もいるでしょう。同じ80点という現象でも、思考の枠組み（フレーム）によって受け取り方が異なるのです。

フレーミング効果

同じ意味を持つ情報であっても情報の枠組み（フレーム）によって意思決定が変わる

例：手術の成功率は90％/死亡率は10％

　　テストで80点も取った/20点も失った

野球のフレームとしての点差

　フレーミング効果がみられる野球の采配について考えていきます。

　野球では「点差」がポジティブフレームとネガティブフレームに対応するといえるでしょう。

　野球チームの監督が「まずは追いつこうと思った」とインタビューで

話しているのを耳にしたことがある人は多いのではないでしょうか。

　序盤で相手にリードを奪われているとき、まずは同点にするために送りバントや盗塁といった策を講じる場合があります。これは、監督が点差を基準にして意思決定をしているという可能性を示しています。

　リードされている（点差がマイナスの）場合、このままいくと負けてしまうと、ネガティブフレームで采配を取ります。ネガティブフレームでは、損失回避バイアスでリスクを取りやすくなるので、ギャンブル的な采配をしてしまうと想定されます。

　一方で、ポジティブフレーム（点差がプラス）では、リスクを取ることなく、無難な采配をすると想定されます。

　たとえば、先述のカープの盗塁の例は、もう後がないというネガティブフレームから、無謀な確率であっても盗塁を実行してしまった可能性が考えられます。もしカープが勝っていたら、ここまで暴走することもなかったのではないでしょうか。

　点差によってフレームが異なるのであれば、たとえば「ノーアウト一塁からの盗塁」という同じ塁状況での采配でも、点差によって意思決定が変化すると考えられます（ただし、点差という条件が異なるのでフレーミング効果そのものとはいえません。詳細な理論はP99以降で解説します）。

　野球采配でも"一種の"フレーミング効果がみられると考えられます。

フレーミング効果と盗塁

○同じ塁状況（ノーアウト１塁）でも
　点差というフレームによって
　意思決定が変わる可能性
○負けている場合はリスキーな選択をする？
　例：2018年日本シリーズでのカープの盗塁

盗塁のセオリー：右肩下がり

　点差によって盗塁の採配におけるフレーミング効果を検討する前に、前提として点差と盗塁のセオリーを確認します。

　アメリカの野球データ会社であるBaseball Prospectusは2007年に盗塁成功率の損益分岐点について議論しています[i]。損益分岐点とは売上と費用が同じになる点をいう会計用語です。この場合は、盗塁を成功する「得」と失敗する「損」が同じになる点を指しています。つまり損益分岐点より高い成功率が見込まれる場合は分がいい盗塁、低い場合は分が悪い盗塁と判断できます。下のグラフがその損益分岐点です。横軸が点差を、縦軸が盗塁成功率を表しています。

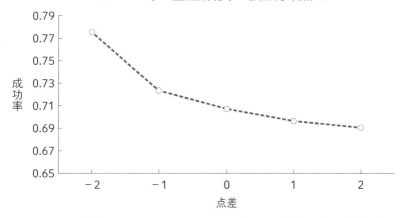

■2018年の盗塁成功率の損益分岐点■

※出典：Keri & Baseball Prospectus（2007）の数値を参考に、筆者が図を作成。

　損益分岐点は点差によって異なることが指摘されています。グラフは右肩下がりになっていて、損益分岐点はビハインドほど高く、リードしているときほど低くなっています。つまり、負けているときほど高い成功率が要求されるということです。リードしているときほど、ギャンブ

ルな盗塁が推奨されるとも読み取れます。

　数理統計的視点からみると、盗塁はビハインドを覆すためよりも、リードを拡大するために使ったほうがいいといえるでしょう。

ビハインド時とリード時でリスク態度が変わる

　私たちの研究グループは、2018年のメジャーの盗塁の采配においてフレーミング効果がみられるかを検討しました[ii]。

　Baseball Prospectus は著名なデータ会社のため、メジャーのアナリストはこの結果を知っていると考え、メジャーの球団がどの程度統計的に采配できているのか、点差によるフレーミング効果はみられるのか検討したのです。

　ノーアウト一塁での盗塁について、点差別に盗塁の成功率の期待値を集計した結果が下のグラフです。破線が先ほど紹介したBaseball Prospectus で提唱されている損益分岐点で、実線が実際の盗塁です。

　破線は損益分岐点のため、実線が破線より上にある場合は、統計的に勝利に近づく盗塁といえます。

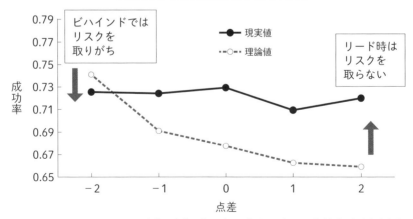

■2018年の盗塁成功率の平均■

※出典：今泉・植田（2019）より引用し、筆者が一部注釈を加えた。

　2つのグラフを見比べると、破線の理論値の右肩下がりに対して、実線の実際の値は平行になっています。これはフレーミング効果の観点から説明することが可能です。

　ビハインド時（グラフ左側）は、試合をネガティブフレームで捉える結果、リスクを取るようになり、損益分岐点より低い盗塁（＝分の悪い盗塁）を命じてしまう可能性が考えられます。つまり損失回避傾向によって、理想に比べて低い盗塁成功率になる可能性が考えられます。

　一方、リード時は本来積極的に盗塁できるはずです。しかし、試合をポジティブフレームで捉えるので、リスクに消極的になっていると想定できます。つまり、理想の値に比べて高い盗塁成功率になっていると判断できます。

　数理統計的には右肩下がりになるとよいと知られている盗塁の采配は、実際には平行なグラフでした。これは、ネガティブフレーム（ビハインド）でリスク志向になり、ポジティブフレーム（リード）でリスク回避をするフレーミング効果の影響である可能性が考えられます。

今泉と植田の研究

○同じ塁状況（ノーアウト１塁）でも
　リード時は消極的、ビハインド時は積極的
　→点差というフレームに影響されている
　→リード時ほど積極的という盗塁のセオリーを守れていない
○これによる損失は４億円以上

ビハインド時に４億円が失われている!?

　先ほどのグラフの２点ビハインドの場面に注目してください。実際の盗塁成功率が損益分岐点を下回っています。

つまり、２点ビハインドの場面では、分が悪い盗塁の采配を行なっているといって差し支えなさそうです。

　損益分岐点を下回っているのは認知バイアスの強さを示しているといえるでしょう。

　２点ビハインドの盗塁を合計すると、１試合分の勝率が49％下がっていることが示されました。つまり、フレーミング効果と思われる認知バイアスによって約0.5勝分を逃していると算出されたのです。

　メジャーの球団は１勝するために平均500万ドルほどの金額を選手補強に費やしていることが知られており[iii]、数理的に不適な判断により約４億円の損失を被っていると考えられます。メジャーリーガーの平均年俸が約400万ドルであることを考えると、選手にすると0.8人分の補強費に該当します。

　つまり、フレーミング効果の一種とみられる認知バイアスによって、勝利に換算すると0.5勝分、金銭に換算すると４億円分、選手に換算すると0.8人分の損をしていることが示唆されました。

　この額を大きいと捉えるか小さいと捉えるかは議論の余地がありますが、選手の能力とは別の部分で勝率を高めることができるという点で、この発見には意義があるといえるでしょう。このように、フレーミング効果（損失回避バイアス）とみられる非合理的な判断傾向による損失額を計算できる点も、行動経済学のおもしろさの１つです。

　野球には数多くの采配があり、盗塁はそのうちのごく一部にしかすぎません。采配においてフレーミング効果のような認知バイアスがみられることを自覚し、取り除くように訓練することで、勝ち星が大きく増える可能性があります（取り除くための方法は1-5をご覧ください）。本節では盗塁について検討しましたが、他の采配についても本書で扱う認知バイアスの有無を検討することで、大きなアドバンテージにつながるといえるでしょう。

　次節では、サッカーのビデオ判定においてネガティブフレームが用いられることで、判定が覆りやすい可能性について紹介していきます。

あなたもこんな視点で損をしているかも？

「昔ワルだった人」が評価される理由

　フレーミング効果で説明できる日常の現象として「昔はワルだった人が評価される」ということが挙げられます。

　以前はやんちゃしていた人物や怠惰だった人物が真面目になると評価をされて、ずっと真面目に頑張ってきた人が損したように感じてしまう（人間は損をするのを嫌う損失回避バイアスがあることも思い出してください）という現象で、経験がある方もいると思います。

　「今は真面目」という状態は同じなのですが、「昔ワルだったか」「昔から真面目だったか」という観点の違い（フレーム）があると、評価が変わってしまうという点で、ある種のフレーミング効果ということができるでしょう。

　本節で紹介したとおり、人間はフレーム（思考の枠）に無自覚に影響されてしまうので、この「昔ワルだった効果」は強力で、避けることは難しいかもしれません。ずっと真面目に頑張ってきた人には大変申し訳ないのですが、昔ワルで今真面目になった人のほうが評価されるのは、認知バイアスの視点からみると妥当なことといえそうです。現状維持（真面目→真面目）のフレームよりも、変化（ワル→真面目）のほうが魅力的に映るということなのでしょう。

　そう考えると、昔から真面目だった人は、真面目のなかでも変化した要素をアピールすることで、魅力的に映るのではないかと推測できます。昔は本を読まなかったけど今は読書家、昔は運動と無縁だったけど今は毎日ランニングをしている、など変化をアピールできると評価される可能性が高まるのではないでしょうか。

　昔ワルだった人も、ワルじゃなかった人も、認知バイアスの力をうまく使うことが大切です。フレーミング効果の知識が、就活等の面接に挑む方や大切なミーティングを控える方の参考になれば幸いです。

2-2

判定が覆る確率が大きく異なる 野球とサッカーのビデオ判定

 判定が覆りやすいのはどっち？

サッカーと野球のビデオ判定では、判定が覆る確率が大きく異なることが知られています。覆る可能性が極めて高いのはどちらでしょう？

①野球
（米：メジャーリーグ）

②サッカー
（英：プレミアリーグ）

つい

同じ映像でも、疑ってみると誤審に見えてしまう
フレーミング効果

答えは②のサッカーです。サッカーのビデオ判定（オンフィールドレビュー）では、主審が映像をみて最終判断を決めます。一方、野球（メジャー）のビデオ判定では、別のスタッフが最終判断を決めます。サッカーでは自身の判断を疑いの目で再確認することで、判定を覆す可能性があります。同じ現象でも疑いのフレームでみることで判断が変わるという、1種のフレーミング効果について確認しましょう。

------------------------ **POINT** ------------------------

- サッカーのビデオ判定システム（VAR）では、判定に重大なミスの可能性がある場合、審判がビデオを再確認することがある（OFR）。
- OFRで判定が覆る確率は9割以上である。野球やアメフトのビデオ判定が5割程度であることと比較すると、OFRは判定が覆りやすいといえる。
- OFRは野球やアメフトと違い、審判が自身の判定を再確認する。疑いのフレームで映像をみるため、判定を覆しやすいと考えられる。

遠藤の走路妨害はオフサイド？

2023年の8月、サッカー日本代表としても活躍する遠藤航（わたる）は、イングランドの超ビッグクラブであるリヴァプールに移籍しました。チームの心臓として大車輪の活躍をみせた遠藤は、イングランド国内クラブのトーナメント戦であるカラバオカップ（EFLカップ）の優勝にも貢献しました。

そのカラバオカップの決勝で、リヴァプールにとって不可解な判定がありました。

試合は60分、リヴァプールはセットプレーから主将のファン・ダイクがヘディングでネットを揺らしました。ゴールのように思えましたが、このプレーにビデオ判定をするVAR（ビデオアシスタントレフェリー）が介入。ゴール直前、オフサイドポジションにいた遠藤が相手のディフェンダーの走路を妨害した疑いで、主審は試合映像を再確認（OFR：オンフィールドレビュー）しました。結果、遠藤がプレーに関与したとしてオフサイドに。ゴールは取り消しとなりました。

このような走路を妨害するプレーはよく行なわれますし、ボールに触っていない遠藤がオフサイドになることにも違和感があり、ゴールを取

り消すことはやりすぎなのではないかという声が相次ぎました。

　試合は結局、延長後半に主将のファン・ダイクがヘディングでネットを再度揺らし、リヴァプールが優勝。優勝できたからよかったものの、もしこれで優勝を逃そうものなら、疑惑の判定として後世まで語り継がれる判定変更になったかもしれません。

　もちろん、VARによって誤審が減ることは好ましいことです。

　しかし、この遠藤のオフサイドのように、VAR（厳密にはOFR）によって判定が不当に覆りすぎているのではないか、という問題が知られています。この判定変更をフレーミング効果の視点から考えてみましょう。

VAR・OFRシステムの概説

　サッカーにはフィールドにいる審判員とは別に、VARという映像を見ながらフィールドの審判をサポートする役割の審判員がいます。

　VARはすべてのプレーに介入するわけではありません。

　「得点」「PK」「退場」「警告の人間違い」の４つのプレーにおいて明白な間違いや見逃された重大な事象があるときのみ、VARは介入をします（③）。この明白な間違いというのは、10人中８人以上が反対するような場面を意味するので、覚えておいてください。

　VARの介入方法は２つあります。主審の主観的な判断が必要な場合（例：タックルの強さ）は、OFR（オンフィールドレビュー）といって主審がモニターで再確認します。主観的判断が不要な場合は、VARのみで検討します（④）。以上のプロセスを経て、主審が最終判定を下します。

　VARで重要なのは、あくまで最終判定を下すのはVARではなく主審であることです。OFRで映像を再確認したときに、主審は必ずしも判定を覆す必要はありません。サッカーの主審は１試合のなかで判定の基準が一致することが求められます。VARの助言が自分の基準と一致しないと判断したら、判定を変更しなくてよいのです。

■VARの手順と進め方■

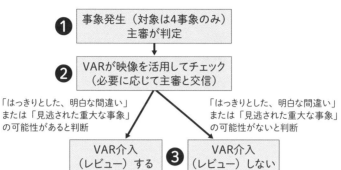

① 事象発生（対象は4事象のみ）
主審が判定

② VARが映像を活用してチェック
（必要に応じて主審と交信）

「はっきりとした、明白な間違い」
または「見逃された重大な事象」
の可能性があると判断

「はっきりとした、明白な間違い」
または「見逃された重大な事象」
の可能性がないと判断

VAR介入
（レビュー）する

③ VAR介入
（レビュー）しない

主審はTVシグナルを示す（1回目）

オンフィールドレビュー
（主審がモニターで映像を確認）

④ VARオンリーレビュー
（主審がVARからの情報を聞く）

主審はTVシグナルを示す（2回目）

⑤ 主審が最終判定
必ずしも当初の判定が変わるわけではない

※出典：Jリーグの公式HP ⁱᵛ

ＶＡＲのシステム

主審が判定する

　→「見逃された重大な事象」がある場合

　　VARが介入する

　→主審がモニターで確認（OFR）、最終判定

○判定は必ずしも覆るわけではない

○OFRは疑惑のフレームで映像をみる

OFRが行なわれた際、判定は98%覆る

主審はVARの助言に必ずしも従わなくてもよいということでしたが、

どれくらいの頻度で判定が覆るのでしょうか。

　Sky Sportsはイングランドのプレミアリーグを対象に、2023年8月の開幕から2024年1月までのOFRについて調査をしました[v]。結果、55件のOFRのうち、54件で判定が変更されたことが示されています。実に98%の割合で判定が覆っています。

　つまり、主審は自身の判定を貫いてよいという前提は形骸化しており、実質的にはVARの助言が採用されるシステムといわれても仕方がない結果になっています。

　もちろん、ビデオ判定は誤審を減らすためのシステムなので、間違っていた判定が覆るのは好ましいことです。ただし、OFRは"10人中8人以上が間違いだと考える"ミスについて再考する機会であり、必要以上に判定が覆っているとも考えられます。サッカーファンであれば、冒頭の遠藤のオフサイドのように、VARの介入によって納得のいかない反則を取られたシーンが思い浮かぶことでしょう。

OFRとフレーミング効果

　OFRでは、主審がもう一度同じシーンを判定するというプロセスがあり、このプロセスに認知バイアスが生まれる可能性が潜んでいます。先ほどの野球の例では、同じ塁状況でも点差というフレームが異なることで盗塁の判断が異なる可能性について提言しました。

　このOFRでもフレームの違いによって、判断を変えてしまう可能性があるのではないでしょうか。

　最初に判定した際も、OFRで再判定する際も、同じ事象を判断しています。OFRでは再生速度や映像の視点を調節できますが、大雑把には同じ現象を再判定しているといえます。

　しかし、OFRをする際はVARから介入をされており「1度目の判定は誤審なのでは」という視点で映像を再確認します。疑いのフレーム（ネガティブフレーム）で同じ事象をみるために、判定が変わってしまう可

能性が考えられます。

ネガティブフレームでは、損失回避的な行動がみられることが知られています。主審にとって損失とは、自らの判断によって金銭的・社会的な制裁を受けること（それによって来年以降の担当試合が減ること）だと思われます。VARの助言を聞き入れて判定を変更すれば、こういった制裁を受ける可能性が減ります。その結果、1度見たときに比べて判定（意思決定）を変更するわけです。

このように、OFRによる判定変更の過剰さは、フレーミング効果の視点から支持されます。

変更率9割超のサッカーと、5割の野球・アメフト

このロジックで考えると、ビデオ判定をする人が審判本人でない場合は、ネガティブフレームが適用されないため、判定が覆る可能性が低くなると考えられます。

今回は、簡単な比較としてサッカーのOFRと野球（メジャー）[vi]、アメフト（NFL：ナショナルフットボールリーグ）[vii]のチャレンジ（ビデオ判定）を比較してみます。

野球、アメフトのチャレンジでは、1度目の判定をした審判とビデオ判定をする審判が異なっています。そのため、サッカーに比べてより中立的な視点でビデオ判定ができると思われます。

この3つの競技を比較した結果が次ページの表です。野球やアメフトのチャレンジでは判定が覆る可能性が5割ほどでした。サッカーの9割超と比べるとかなり低い値であることがわかります。

もちろん、サッカーと野球、アメフトでは、競技のルールも違いますしビデオ判定のシステムも異なります。

特に、サッカーでは重大な事象についてすべてチェックするのに対して、野球・アメフトではチームの監督が異議をとなえた場面のみとなっています（ただし失敗するとペナルティがあるため乱用はできません）。

このような条件の違いがあるため、この３つの競技の比較は参考程度のものと受け止めてください。

■ビデオ判定によって判定が覆る割合■

	サッカー OFR	野球 チャレンジ	アメフト チャレンジ
割合	98.2% (EPL)	47.1% (MLB)	50.9% (NFL)
チェックする人	同一	別の機関	別の審判
進言する人	別の審判	チームの監督	チームの監督

　一流の選手や審判のいるプロリーグでこれだけの違いがでるというのは驚きです。サッカーのOFRではネガティブフレームによって判定が覆りやすい可能性が否定できないといえるでしょう。

　主審がビデオを再確認するという方法は、判定の一貫性を担保するという意味では魅力的なプロセスではありますが、ネガティブフレームによる認知バイアスを生み出す温床になっているかもしれません。

　より厳密に検討するためには、サッカーのVARにおいて主審がOFRする場合と別の審判がOFRする場合でどのように結果が異なるか比較する必要があります。この比較で、よりよいサッカーの判定方法について議論を進めることが期待されます。

　スピーディーなスポーツ場面を映像で再確認すれば、正確無比な判定ができるように思われます。しかし、サッカーのOFRではネガティブフレームの影響がみられる可能性が示されました。

　ここまでは、フレーミング効果がよくない意思決定を促す例を紹介してきましたが、次節ではこのフレーミング効果をポジティブな方向に応用することはできるのか、サッカーのルール変更を題材にみていきます。

空席がある＝不人気？

　早稲田大学と明治大学の対戦（いわゆる早明戦または明早戦）は大学ラグビーでも屈指の人気カードといわれています。2024年の対戦では、約3万5000人もの観客を集めました。この観客数についてフレーミング効果とみられる興味深いニュースがありました。

　2022年ごろから、大学ラグビーは新国立競技場で開催されることが増えました。この国立競技場での集客について、反応が分かれているようです。1つは、3万人も集まってすごいという反応、もう1つは空席が目立って人気が落ちたように感じるという反応です。

　実は、国立競技場の観客収容人数は約5万4000人で日本でもトップクラスに広いスタジアムとなっています。一方、ラグビーの会場として有名な秩父宮ラグビー場の観客収容人数は約2万7000人です。つまり、3万人の観客が集まっているというのは、秩父宮ラグビー場では満員以上の状況であり、大学ラグビーはむしろ観客数を増やしているといえます。しかし、3万人では国立競技場の6割しか埋まっていない状態で、空席が目立ってしまいます。国立競技場では空席が目立ったという情報があることで、まるで人気が落ちてしまったように感じる観客もいるということでした。

　同じ3万人という観客数でも、空席があるかないかという「空席フレーム」でみると評価が変わってしまう、これもフレーミング効果の1種といえるでしょう。収容人数ちょうどが埋まる規模のスタジアムを使うことで、空席フレームから人気があると評価されることも重要です。野球やサッカーでは新スタジアムを作ることが盛んですが、収容人数に注目してみるのもおもしろいかもしれません。

　この空席フレームは、アーティストのライブといったイベントにも適用できるでしょう。箱をわざと小さくして「チケット争い」を起こすことも人気のアピール戦略といえます。

ポジティブフレームで
アグレッシブさが増したサッカーの試合

 サッカーのフレームを変えた
ルールの変更はどれ？

次の①～③は1990年代に行なわれた、サッカーの代表的なルールの変更です。このなかに1つ、ポジティブフレームを活用してサッカーをおもしろくしたと考えられるものがあります。それはどれでしょう？

①キーパーへの
バックパスを禁止

②勝ち点
「2→3」に変更

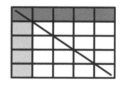

③交代人数
「2→3」に変更

> つい

サッカーの勝ち点が変わると、試合が攻撃的になる

ポジティブフレーム

答えは②です。ルールを改正することで競技をおもしろくできる点が、スポーツの魅力の1つといえます。本節では、サッカーの勝ち点変更がサッカーを攻撃的にしたことを紹介します。同じサッカーというゲームでも、勝ち点というフレームによって内容がどう変わるかをみていきましょう。

-----------------------**POINT**-----------------------

● 以前は、サッカーで勝利した際の勝ち点が2であった。1990年のW杯では、アイルランドが1勝もせずにベスト8になるなど、引き分けが多いことが問題視されていた。

● 1990年代中盤から、サッカーの勝ち点が2→3に変更された。それにより、勝利の価値が上がり、引き分けの数が減った。

● 一方、勝ち点が意味をもたないトーナメント戦では、引き分けの数に変化がなかった。同じサッカーというゲームでも、勝ち点というフレームによって、試合内容が変化することが示された。

1990年、アイルランド代表の伝説

　1990年に行なわれたFIFAワールドカップイタリア大会は、ワールドカップ史上もっとも退屈な大会と評されることがあります。

　その理由として、平均得点は2.21と歴代最低記録を樹立（2018年大会：2.64、2022年大会：2.69）、レッドカードは歴代最多の16枚と得点が入らないわりに荒いプレーが多い大会だったことが挙げられます。

　アイルランド代表は、この大会でワールドカップに初出場、"退屈"な快進撃を繰り広げました。

　ロングボールと強固な守備が持ち味のアイルランドは、グループリーグ初戦で優勝候補のイングランドと引き分け。2戦目のエジプトとも引き分け。3戦目ではオランダと引き分け。3引き分けで死の組を突破すると、決勝トーナメント1回戦のルーマニア戦でも120分でスコアレスドロー。PK戦で勝利しベスト8に駒を進めました。

　準々決勝のイタリア戦では破れてしまったものの、このベスト8はいまだにアイルランド代表の歴代最高記録となっています。

1990年W杯アイルランド

ロングボールの徹底、とにかく守備

○予選：3引き分け

　（イングランド、エジプト、オランダ）

○決勝T1回戦：PK勝ち（ルーマニア）

○決勝T2回戦：負け（イタリア）

未勝利でベスト8に、いまだに最高成績

　ベスト8は褒められるべき成績かもしれませんが、5戦4引き分け（2得点、3失点）という成績は"退屈"といわれても仕方ないでしょう。

　実はこの時代、勝利の勝ち点は「2」。

　現在の勝ち点「3」に比べると、勝利の価値が低く、相対的に引き分けの価値が高くなっていました。その結果、とにかく守備的に振る舞ったほうが有利な環境だったのです。

　勝ち点の違いを勘案すると、アイルランドのサッカーはルールの特性をよく利用したものだといえます。

日本代表でシミュレーション

　勝ち点が2だとどうして守備的なサッカーになるのか、2022年のワールドカップを題材にシミュレーションをしてみましょう。

　次ページの表は、日本が割り振られたグループEの星取表です。今回のシミュレーションでは、実際の大会とは関係なく、日本は極めて守備的なサッカーをして、スペイン、ドイツ、コスタリカ相手にスコアレスドローで終えると仮定します。また、FIFAランク通りにスペイン、ドイツはコスタリカ相手には勝利し、スペインはドイツに勝利するとします。

■勝ち点が「2」だった場合■

	日本	スペイン	ドイツ	コスタリカ	勝ち点	得失点	順位
日本		△ 0-0	△ 0-0	△ 0-0	3	±0	2
スペイン	△ 0-0		○ 3-0	○ 1-0	5	4	1
ドイツ	△ 0-0	● 0-3		○ 1-0	3	−2	3
コスタリカ	△ 0-0	● 0-1	● 0-1		1	−2	4

　勝利の勝ち点が2だった場合、3分けの日本代表はグループリーグ2位となり、決勝トーナメントへの進出が確定します。極端な言い方をすれば、強豪相手には無理に攻めず、強豪同士のつぶし合いを願うことが最適解になりえます。

■勝ち点が「3」だった場合■

	日本	スペイン	ドイツ	コスタリカ	勝ち点	得失点	順位
日本		△ 0-0	△ 0-0	△ 0-0	3	±0	3
スペイン	△ 0-0		○ 3-0	○ 1-0	7	4	1
ドイツ	△ 0-0	● 0-3		○ 1-0	4	−2	2
コスタリカ	△ 0-0	● 0-1	● 0-1		1	−2	4

一方、勝ち点３のシステムの場合はこのようにはいきません。同じ星取表を仮定すると、１勝１分１敗のドイツ代表が２位となり、勝ち点３の日本は３位となります。このように、勝ち点３のシステムを導入すると勝利の価値が大きくなることがわかります。

▍半分でも勝機があるなら攻めろ

　また、勝ち点３のシステムは、いわゆる格下のチームでも勝利を目指したくなるシステムになっています。

　たとえば、日本がスペインに真っ向勝負した場合に、勝つ確率が35％だったとします（ここでは引き分けは考えず、負ける確率が65％だとします）。この場合に、得られる勝ち点の期待値は、下のようになります。

$$3 * 0.35 + 0 * 0.65 = 1.05$$

　この結果から、引き分けた場合の勝ち点１を上回ることになります。たとえ、35％しか勝利が見込めなかったとしても、引き分けを狙うよりは、積極的に勝利を目指すことが統計的に合理的な選択となります。

　サッカー分析を扱った書籍『サッカーマティクス』[viii]では、さらに数理的な分析を行ない「相手の半分でも勝ち目があるなら、勝利を狙うことが数理的な最適解である」ことが示されています。

　このように、勝ち点３システムは勝利の価値を高め、格上相手にも攻撃的なサッカーを推奨していることがわかりました。この背景から、イングランドのプレミアリーグでは1992年から、イタリア・ドイツ・スペインのリーグでは1994年から、勝ち点３システムが導入されています。結果は、どのリーグでも引き分けは減少し、アグレッシブなサッカーが増えたといわれています。

　勝ち点という報酬（環境制約）を変更することで、選手・監督からア

グレッシブなサッカーを引き出した点で、行動経済学的に興味深いルール変更といえるでしょう（この考え方は第6章のスポーツ版ナッジにも共通しています）。

　そもそも、勝ち点の2システムは自然なアイデアでした。

　各試合に勝ち点2がかかっていて、勝った場合は勝ったチームが総取り、引き分けた場合は半分ずつ取り合うため、勝ち点の合計が常に同じになり、一見、非常に合理的にみえます。

　しかし、システムとしては合理的でも、引き分けを増やしサッカーを退屈にする一因になっていたのです。

引き分けが減ったリーグ戦と増えたカップ戦

　では、勝ち点によって引き分け率はどのように変化したのでしょうか。経済学者のディルガーとガイヤーの研究を紹介します[ix]。

　この研究がおもしろいのは、勝ち点ルールが変更になったリーグ戦（ドイツ：ブンデスリーガ）と、勝ち点がない一発勝負のカップ戦（ドイツ：DFBポカール）の引き分け率を比較した点です。

　分析の結果が次ページのグラフです。グラフは横軸がシーズン、縦軸が引き分け率、中央にある縦線が勝ち点のルール変更があった年になります。

　上側の分析をみてみると、リーグ戦では引き分けの確率が大きく減ったことが示されています。一方、下のグラフでは、カップ戦では引き分けの割合が増加傾向にあることが示されました。

　同じドイツのチーム同士の対決でも、勝ち点ルールを変更したリーグ戦か、ルール変更がないカップ戦かによって、引き分けの傾向に違いがみられたことがわかります。

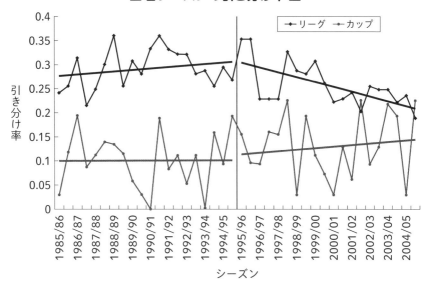

■ 各シーズンの引き分け率 ■

凡例: → リーグ　→ カップ

縦軸: 引き分け率

横軸: シーズン

※出典：Dilger & Geyer（2009）より引用し、筆者が日本語に改変。

　また、ディルガーたちは勝ち点の変更後のリーグ戦において僅差の試合が増えたことを示しました。

　これについては、1点リードをした際に2点リードを狙いにいくのではなく、守りに入るチームが増えたと考察されています。

　勝利の価値が上がったことで、リード後は堅実なサッカーをするチームが増えたと考察されます。

勝ち点3というポジティブフレーム

　この勝ち点の変更についてはポジティブフレームを活用した例と捉えることもできます。

　フレーミング効果では、利益を重視するポジティブフレームによって判断する場合と損失を重視するするネガティブフレームによって判断する場合とでは、同じ物事でも判断が異なることが知られています。

　先ほどのブンデスリーガの例は、勝ち点の変更前後においてリーグ戦に参加するチームや選手は大きく変わりません。

　そのなかで、勝ち点が2から3になり、勝利（利得）が強調される状況になりました。その結果、引き分けが減り、僅差のゲームが増えています。

　勝ち点というインセンティブが変わっている点で、厳密なフレーミング効果ではないのですが、ポジティブフレームを活用することで選手や監督の意思決定（戦術）を大きく変更させたといえるでしょう。

　ポジティブフレームでは意思決定のメリットが強調されるといわれています。この勝ち点変更は、“退屈”なサッカーを脱却し、アグレッシブにプレーするメリットを強調できるため、ポジティブフレームという認知バイアスをうまく活用し、サッカーをおもしろくしたルール変更となったのです。

　また、ルールを変更し試合内容の変化を誘導したという点で、ナッジの一種と考えることもできます（ナッジについては第6章で解説します）。

適切なフレームを選択する

　行動や商品のメリットを強調したい場合は、ポジティブフレームが有効とされています。たとえば、健康食品を勧める場合は「不満足度5％」より「満足度95％」と表示したほうが、より効果があるように思えます。

　一方、よくないことを予防する場合には、ネガティブフレームが効果的とされています。たとえば、化粧品等の美容用品では「きれいになって好まれる」という表現より「きれいでないと嫌われる」のようなネガティブな情報が使われることが多くなっています。

　このように、ポジティブフレームとネガティブフレームの使い分けをすることで、商品やサービスについての意思決定が変わってきます。場面に応じて適切なフレームを選ぶことが大切です。

フレーミング効果でカードゲームに上達する

　私は以前、「マジック・ザ・ギャザリング」というカードゲームのオンライン対戦で世界11位になったことがあります。このとき、フレーミング効果を意識することで勝ち星を増やすことができました。

　行動経済学の先行研究では、諦めることのほうが選ぶことよりも難しいことが知られています。たとえば、10個のチョコレートから5個を諦めることは、10個のチョコレートから5個を選ぶことよりも時間がかかったり葛藤が生じたりすることが実験的に示されています[x]。

　10個→5個という現象は同一ですが、諦めるというフレームか選ぶというフレームかで、判断が異なるフレーミング効果となっています。諦めるフレームにおいて損失回避バイアス（第1章）が働くため、判断の負荷や難易度が上がると考えられます。

　私はこの選ぶ・諦めるフレームを、いわゆる"ルーター"というカードを使うときに活用しました。ここでいうルーターとは「カードを3枚引いて2枚捨てる」ような、引いてから捨てるカードを指します。

　カードゲームのデッキは必要なカードで組まれているため、どのカードを捨てるかという判断は難しく、思考時間を浪費してしまうこともあります。そこで、「3枚引いて2枚捨てる」という捨てる（諦める）フレームではなく、「3枚引いて$n-2$枚を選ぶ（nは手札の枚数）」と選ぶフレームで読み替えていました。

　選ぶフレームでルーターを使うことで、この対戦に必要なカードを素早く選ぶことができました。また、優先度が低いカードを後腐れなく捨てることができるようになりました。

　ここまでカードゲームの例を紹介してきましたが、日常において何かを捨てる・諦める場面は多くあると思います。その際には、選ぶフレームで読み替えるとうまくいくかもしれません。

第2章まとめ：フレーミング効果

◎フレーミング効果と損失回避バイアス

　本章では、同じ状況（2-1：塁状況、2-2：ビデオ判定、2-3：勝敗）でも、それが提示される方法によって、意思決定が変化するフレーミング効果について紹介してきました。

　同じ意味を持つ情報であっても、焦点の当て方によって、人は異なる意思決定をします。フレーミング効果は、写真などに使われる"フレーム"が語源で、情報のフレーム（枠組み）が意思決定に影響を与えるという意味です。

　このバイアスが生じるのは、第1章で紹介した損失回避バイアスによるためだと考えられています。

　ここで、フレーミング効果の例として有名な「アジア病問題」[xi]をみてみましょう。

> **【問題1】米国は特殊なアジア病の爆発的流行に備えている。この病気が流行すると、600人が死亡すると予想されている。2つの対策が提案されており、それぞれの効果は以下のとおりである。あなたならAとBのどちらを選ぶか。**
>
> 対策A：200人が助かる
> 対策B：3分の1の確率で600人が助かるが、3分の2の確率で誰も助からない

　AとBのどちらを選びましたか？

　先行研究では、Aを選ぶ人が72％、Bを選ぶ人が28％でした。

　対策A、対策Bとも助かる人数の期待値は200人で同じです。対策Aだと確実に助かるので、対策Aのほうがよく感じたのではないでしょうか。

では、アジア病問題の２問目をみてみましょう。

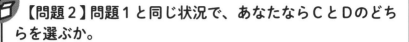

【問題２】問題１と同じ状況で、あなたならＣとＤのどちらを選ぶか。

対策Ｃ：400人が死ぬ

対策Ｄ：３分の１の確率で誰も死なず、３分の２の確率で600人が死ぬ

ＣとＤのどちらを選びましたか？

対策Ｃと、対策Ｄともに、死ぬ人数の期待値は400人で同じです。ただし、対策Ｄの場合、運がよければ全員生きる可能性があるので、対策Ｄのほうがいい選択肢だと感じたのではないでしょうか。実際に、先行研究では、Ｃが22％、Ｄが78％という結果になっています。

ここで問題１と問題２を見比べてください。対策Ａと対策Ｃを比べると、600人中200人が助かり400人が死ぬという点で、まったく同じことを意味しています。

同様に、対策Ｂと対策Ｄも同じことを意味しています。この２問を数式で表すと、対策Ａ＝対策Ｃ、対策Ｂ＝対策Ｄとなります。

しかし、問題１では対策Ａが、問題２では対策Ｄが多く選ばれるという結果になっており、同じものを意味する選択肢でも支持率が大きく異なっています。

対策Ａでは「200人が助かる」とポジティブな説明がなされていますが、対策Ｃでは「400人が死ぬ」とネガティブな説明がされています。つまり、数理的には同じ選択肢であっても、表現のされ方によって、異なる意思決定がなされることがわかりました。

この、「助かる／死ぬ」といった情報の提示の仕方が、フレームと呼ばれます。問題１では「何人が助かるか」という利益に注目したフレーム（ポジティブフレーム）で情報が提示され、全員死亡というリスクを

回避するような対策Aが選ばれたと考えられます。一方、問題２では「何人が死ぬか」という損失に注目したフレーム（ネガティブフレーム）が用いられ、全員助かる可能性がある対策Dが選ばれたと考察されます。これは、損失状況ではリスクをとりやすいという損失回避バイアス（第１章）の知見と一致しています。

　このように、同じことを意味していても、それをポジティブフレームからみるか、ネガティブフレームからみるかで意思決定が異なる場合があることが知られています。そして、この２つのフレームをうまく使い分けることは、ビジネスやマーケティングでも重要です。

　ここではフレーミング効果の一例としてアジア病問題を紹介しました。この他にもフレーミング効果では多くの事例や派生する認知バイアス（言語確率、おとり効果や心理会計等）が知られています。

　興味を持った方はぜひ専門書を手に取ってみてください。

参考文献

i　Keri, J., & The Baseball Prospectus Team of Experts (2007). *Baseball between the numbers: Why everything you know about the game is wrong.* Basic Books.

ii　今泉拓 植田一博. (2019) 野球采配におけるフレーミング効果の検討, HCGシンポジウム2019, 広島県広島市, 2019年12月

iii　Edwards, J. (2018). On $/WAR, its linearity, and efficient free-agent contracts. *FanGraphs Community.* Retrieved from https://community.fangraphs.com/on-war-its-linearity-and-efficient-free-agent-contracts/

iv　Jリーグ (n.d.). 『VAR（ビデオアシスタントレフェリー）』とは？ サッカーのルールを分かりやすく解説』 https://www.jleague.jp/a-to-z/VAR/

v　Sky Sports. (2024). Do Premier League referees ever overrule the VAR? The data show it's rare-but it does happen. Retrieved from https://www.skysports.com/football/news/11096/13042510/do-premier-league-referees-ever-overrule-the-var-the-data-show-its-rare-but-it-does-happen

vi　Close Call Sports. (n.d.). Replay stats. Retrieved from https://www.closecallsports.com/p/replay-stats.html

vii　Football Zebras. (2020). 2020 Replay Statistics. Retrieved from https://www.footballzebras.com/replay/2020-replay-statistics/

viii　Sumpter, D. (2017). *Soccermatics: Mathematical Adventures in the Beautiful Game Pro-Edition.* Bloomsbury Publishing.

ix　Dilger, A., & Geyer, H. (2009). Are three points for a win really better than two? A comparison of German soccer league and cup games. *Journal of Sports Economics, 10* (3), 305-318.

x　Onuki, Y., Honda, H., & Ueda, K. (2020). Self-Initiated Actions Under Different Choice Architectures Affect Framing and Target Evaluation Even Without Verbal Manipulation. *Frontiers in Psychology, 11*, 524104.

xi　Tversky, A., & Kahneman, D. (1981). The framing of decisions and the psychology of choice. *Science, 211* (4481), 453-458.

第**3**章
概数効果

「キリの数字」がもつ効果を味方にすると
目標達成が近づく

「年収 1,000万」「TOEIC 800点」など、私たちの日常生活ではキリのいい数字を基準として、それを目標とする場面が多くあります。キリのいい数字に合わせて、自らの行動や判断を調整することは概数効果として知られています。

　本章では、マラソンランナーのタイムの分布や野球選手の打率の分布から、目標をギリギリクリアする選手が多いことを紹介します。

　また、プロスポーツ選手であっても目標をクリアするために意思決定が変化することを示します。判断がキリのいい数値に依存している可能性についても理解を深めていきましょう。

概数効果で力を発揮する
フルマラソンのランナー

 一番多いタイムは？

42.195kmを走るフルマラソンで、一番多く記録されているタイムは次の①〜④のどれでしょう？

① 3時間35分　② 3時間43分
③ 3時間51分　④ 3時間58分

> つい

○時間で走るために、ペース配分やスパートをしてしまう

概数効果

答えは④です。フルマラソンでは、○時間以内で走ることをサブ○（4時間以内ならサブ4）と呼び、それを目標に走ります。サブ4を狙う人にとって、3時間59分と4時間0分は、かなり大きな差に感じることでしょう。

本節では、キリのいい数字を目指す概数効果を紹介し、それによってマラソンランナーの意思決定がどのように影響を受けるのか、確認していきましょう。

---------------------------- **POINT** ----------------------------

● キリのいい数字を目標に意思決定が変化することは、概数効果として
　知られている。マラソンでは、キリのいいタイムをギリギリクリアす
　る時間（3時間58分）に記録が集中している。

● ランナーは、キリのいいタイムを目指してペースを逆算し、目標が危
　うい場合は最後の2.195kmで加速する。

● この効果はプロでもみられるようで、キリのいいタイムがないことで
　日本記録がしばらく更新されなかった可能性がある。

キリの数字で、評価が変わる

　私たちの日常生活では、「年収1,000万」「TOEIC 800点」といったキ
リのいい数字を基準にして、その数字を目標とする場面が多くあります。
また、キリのいい数字を境にし、自身や周囲の印象が大きく変わること
もあります。

　TOEICの点数を例に考えてみましょう。Aさん、Bさん、Cさんの
TOEICの点数がそれぞれ次のようなものだったとします。

　Aさん：796点
　Bさん：801点
　Cさん：806点

　AさんとBさんの点差も、BさんとCさんの点差も、同じ「5点」で
す。しかし、800点を超えているBさんとCさんの実力は近いと感じる
一方、800点を割っているAさんと超えているBさんの実力差は大きい
ように感じると思います。

　数理統計的に「5点」という同じ意味であっても、基準を超えるかど

うかで感じられる価値が変わってきます。

似たような例が、中古車の販売でも知られています。

たとえば、走行距離を除いて同じ条件の中古車が3台あったとします。走行距離はそれぞれ99,500km、100,000km、100,500kmです。

この場合は、10万kmを割っている最初の車が、特に高い価格で売れます。500kmの差は誤差のようにも思えますが、意思決定に大きな影響を与えるのです。

キリのいい数字を基準に意思決定が変わる「概数効果」

このように、人間はキリのいい数字を基準に、意思決定が変化することがあります。キリのいい数字を目指すために、自らの行動や判断を調整することがわかっており、このことは「概数効果」として知られています。

スポーツでは記録が重要視されますが、スポーツ選手でも、この概数効果がみられるのでしょうか？

概数効果がみられるのであれば、サッカーで年間10ゴールを狙うストライカーは、9ゴールのときにラストパスではなくシュートを打ちやすい傾向があるはずです。トッププロの選手にも概数効果がみられるとしたら、それを作戦に組み込むことが可能となります。

本節では、スポーツを題材に概数効果を検討していきます。

概 数 効 果

キリのいい値を基準に
意思決定が変化する
　例：年収1,000万、
　　　TOEIC800点

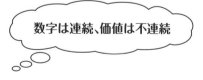

数字は連続、価値は不連続

マラソンの記録のヒストグラム

アレンたちは世界中の累計約1,000万人のフルマラソンの記録を集め、ヒストグラム（度数分布表）を作成しました[i]。

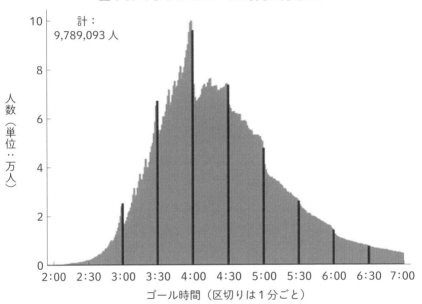

■ フルマラソンのゴール時間の分布 ■

計：
9,789,093 人

人数（単位：万人）

ゴール時間（区切りは1分ごと）

※出典：Allen, et al. (2017) より引用し、筆者が日本語に改変。

ヒストグラムをみると、4時間のところでグラフの高さが大きく異なる崖がみえることがわかります。これは、「ギリギリ4時間以内」の記録が「ギリギリ4時間オーバー」の記録よりも、かなり多いことを示しています。3時間57分・58分・59分を記録したランナーはそれぞれ10万人ほどいましたが、4時間0分・1分・2分を記録したランナーはそれぞれ7万人ほどしかいませんでした。

この結果から、4時間という基準を境に、ランナーの意思決定（走る

ペースやスパートの加減）が変わっていることがわかります。

　３時間59分と４時間１分は、「４時間から１分違う」という意味では数理的には同価値ですが、ランナーの印象は大きく違うようです。「サブ４（フルマラソンで４時間を切ること）」はランナーの勲章ともいわれ、そうした基準がランナーの意思決定に影響を与えています。

　さらにヒストグラムに注目すると、３時間・３時間半・４時間半・５時間といった時間でも、同様の崖ができていることを確認できます。

　統計分析をした結果、この崖は15分ごとにできていることが判明しました。つまり、マラソンランナーは均等なタイムでゴールしているわけではなく、15分ごとのキリのいいタイムでゴールしやすいことが判明しました。

サブ４をクリアするための２つの作戦

　では、サブ４を達成するために、ランナーはどのような作戦（意思決定）を行なっているのでしょうか。アレンたちは追加分析し、ランナーの２つの作戦を示しました。

　１つ目の作戦は、ペースを逆算することです。サブ４を達成するためには1kmを５分40秒のペースで走ることが求められますが、スタートからこのペースをキープするランナーが多いそうです。

　２つ目の作戦は、ラストスパートを頑張るという、驚くべきシンプルなものでした。40km地点でサブ４ペースを下回っている選手は、残りの2.195kmのペースが急激に早くなることが示されました。つまり、最後に歯を食いしばってサブ４を達成するランナーが多いということです。キリのいい目標があることで、終盤のパフォーマンスが高まるというのは、興味深い結果ですね。

　以上のとおり、アレンたちはマラソンランナーに概数効果がみられること、キリのいい記録を達成するために意思決定が変化することを示しました。さらに、この概数効果は、大会の時期、規模、ランナーの年齢、

カテゴリ、ペースメーカーの有無にかかわらず、みられることも主張しています。

```
┌─────────────────────────────────────────────┐
│            ア レ ン ら の 研 究              │
└─────────────────────────────────────────────┘
```

マラソンの記録：

　　○時間59分、○時間29分が多い

3時間57分：100,294人		4時間00分：74,968人
3時間58分：103,018人	4時間を	4時間01分：69,648人
3時間59分：97,012人	境に激減	4時間02分：67,861人

作戦①：目標をクリアできるように計画

作戦②：最後の2.195キロを頑張る

男子マラソンの記録停滞と概数効果

　アレンたちは、一流ランナーでもこの概数効果がみられると示しています。つまり、トッププロのランナーでも、キリのいい目標があることでそれをクリアするためにペースを組み立てたり、スパートを調整したりする可能性が考えられます。

　逆にいえば、キリのいい目標がない場合は、記録を狙うインセンティブ（やる気やモチベーション）が落ちて、順位を競うことに注力しがちになるとも考えることができるでしょう。

　ここで思い出すのは、男子マラソンの日本記録です。男子マラソンの日本記録は、2002年に高岡寿成が2時間6分16秒を樹立してから、2018年に設楽悠太が5秒更新するまで16年間更新されませんでした。その間に世界記録は4分も早くなっていることを考えると、世界と大きく突き放されてしまったのです。練習法や道具が進化しているにもかかわらず、記録が更新されなかったのは不自然にも思えます。

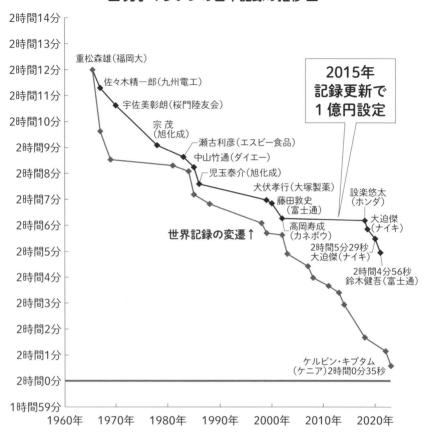

■ 男子マラソンの日本記録の推移 ■

重松森雄(福岡大)
佐々木精一郎(九州電工)
宇佐美彰朗(桜門陸友会)
宗 茂(旭化成)
瀬古利彦(エスビー食品)
中山竹通(ダイエー)
児玉泰介(旭化成)
犬伏孝行(大塚製薬)
藤田敦史(富士通)
高岡寿成(カネボウ)

世界記録の変遷↑

2015年
記録更新で
1億円設定

設楽悠太
(ホンダ)
大迫傑
(ナイキ)

2時間5分29秒
大迫傑(ナイキ)

2時間4分56秒
鈴木健吾(富士通)

ケルビン・キプタム
(ケニア)2時間0分35秒

※出典：東京新聞2018.2.26ほか、図は社会実情データ図録（https://honkawa2.sakura.ne.jp/3989j.html）より引用。

　マラソンは2時間5分が1つの壁といわれており、（2021年に鈴木健吾がクリアするまで）日本人には難しいと考えられていました。大台の2時間5分台（キリのいい目標）を狙うのは難しいため、記録よりは順位狙いの走りになっていた可能性が考えられます。

　男子マラソンの停滞を概数効果のみで説明しようとするのはさすがに無理がありますが、停滞の背景には何らかの意思決定（目標タイムやペース配分）の歪みがあったと考えるのが妥当でしょう。

1億円というコミットメントとリフレーミング

　日本記録が更新されないなか、男子マラソン界に風穴を開けたのは、1億円という報奨金でした。

　2015年、日本実業団連盟は男子マラソンの低迷を打破するために、日本記録を達成した選手に1億円の報奨金を設定しました。その結果、6年で4回、計1分以上日本記録が更新されています。

　この1億円という報奨金は、1-5で紹介した認知バイアスを破るための「コミットメント」と「リフレーミング」に該当し、有効な戦略だと考えられます。

　1億円という莫大な報酬を設けることで、それを狙うように行動に制限を設けたという点でコミットメントといえますし、順位の駆け引きだったマラソンレースを、記録の取り合いという枠組みに促した点でリフレーミングといえます。

　コミットメントとリフレーミングの掛け合わせであり、行動経済学の視点からみても絶妙な打開策でした。

　男子マラソンの例は、概数効果を含む認知バイアスによって記録更新が停滞し、それをうまく打開する報酬を設けた例といえるでしょう。

　では、この概数効果はマラソン以外にどのような競技でみられるのでしょうか。次節では、野球の打率とパフォーマンスの関係について紹介していきます。

1,980円（イチキュッパ）の20円の価値

　本節を読んで、イチキュッパ（198円や1,980円）・ニーキュッパ（298円や2,980円）といった商品の価格設定を思い出した方もいるかもしれません。イチキュッパ（1,980円）は、2,000円というキリのいい数字より安くなっています。

　行動経済学では、一番大きい桁（今回だったら千円の桁）によってユーザーの印象が変化することが知られており、最大桁効果（left-digit bias）と呼ばれています（第7章で詳しく紹介します）。

　この効果は、日本だけでなく、世界中でみられることが知られています。先行研究では、4.00ドルと2.99ドルの差は、4.01ドルと3.00ドルの差に比べて、大きく感じられることが知られています[ii]。どちらの比較も、1.01ドルの差が共通していることに注意してください。

　イチキュッパでいうならば、2,020円から2,000円に20円値引きしても印象は変わりませんが、2,000円から1,980円に20円値引きすると印象が変わりやすいということです。

　2,020円からの値引きも、2,000円からの値引きも、"20円値引きした"という点では、客観的にみれば同一の現象です。しかし、人間の印象ベースで考えると、後者の20円引きのほうが安くなったという錯覚を感じるといえるでしょう。

　イチキュッパやニーキュッパは、単に20円引いているだけでなく、その20円によって商品が安くみえるような工夫であることがわかりました。

　キリのいい数字で印象が変わる最大桁バイアスも、キリのいい数字を目指す概数効果も、数字のキリのよさを参照して判断が変わるという人間の特徴を示したものになります。

シーズン最終戦のパフォーマンスを変える
３割の悪魔

 あなたなら、どちらのプレーを選びますか？

あなたはプロ野球選手で、シーズン最終戦の最後の打席を迎えたとします。ヒットを打てばシーズン３割を達成できます。カウントは「３ボール１ストライク」。ここで明らかなボール球が来たとします。次の①②のうち、どちらのプレーを選びますか？

打率.299

ボール	●●●
ストライク	●

①わざと空振りする
　→打席は続行

②見送り四球を選ぶ
　→今シーズンの打席は終了

つい

打率３割を達成するためにスイング傾向を変えてしまう

概数効果

メジャーでは①が多いとされています。シーズン最終戦を打率３割直前（たとえば.299）で迎えた打者は想像を絶するパフォーマンスを残すことが知られています。野球選手が３割という目標にどのように影響を受けるのか、確認していきましょう。

- プロ野球は、３割というキリのいい基準に影響されている。打率
  .300の選手は、.299に比べて不自然に多い。
- .299でシーズン最終打席を迎えた打者は、四球を選ばない。また、
  そのような打者の最終打席の打率は４割を超える。
- キリのいい目標を狙う認知バイアスを理解すると、シーズンの終盤戦
  を有利に戦える可能性がある。

３割にかける打者

　打率３割は一流選手の証と知られています。たとえば、2023年の日
本プロ野球において、規定打席に到達し３割を達成した打者は５名しか
いませんでした。メジャーでも打率３割を達成した打者は９名しかいま
せん。このように、ごく一部の優秀な打者のみが達成できる記録といえ
るでしょう。

　プロ野球選手は、チームの勝利を目指すと同時に、自身の記録にもこ
だわってプレーをしています。打率３割を達成すれば、球団からの評価
が上がり、年俸が1,000万円単位で変わることもあるでしょう。

　実際に"３割打者"がいかに重要かを知らしめるエピソードも知られ
ています。たとえば、ルーキー時代の田口壮（オリックス・バファロー
ズ二軍コーチ）は走塁ミスによって、３割打者である福良淳一（オリッ
クス・バファローズGM）の打率を下げてしまったことがありました。
その際、チームのベテランからとても厳しくお叱りを受けたそうです[iii]。

　選手にはよっては、まさに命をかける勢いで３割を目指していること
がうかがえます。

　前節ではマラソンを例に、キリのいい数字を目指してランナーのパフ
ォーマンスが変化する「概数効果」を紹介しました。

では、野球においても概数効果はみられるのでしょうか。なんと行動
経済学の研究では、打率３割を目指すことによって、実際に打者がヒッ
トを打つ確率が上がることが報告されているのです。

打率.300は.299より４倍多い

　行動経済学者のポープとサイモンソンは2011年の研究で、メジャー
リーガーのシーズン終了時の打率を図示することで、興味深い発見をし
ました[iv]。それは「打率.298や.299で終える打者に比べて、打率.300
や.301で終える打者が不自然に多い」というものです。

　下の図の実線をみると、３割のところでグラフが跳ね上がっているこ
とがわかると思います。なんと、打率.300で終える打者は打率.299で
終える打者よりも約４倍も多くなっているのです。

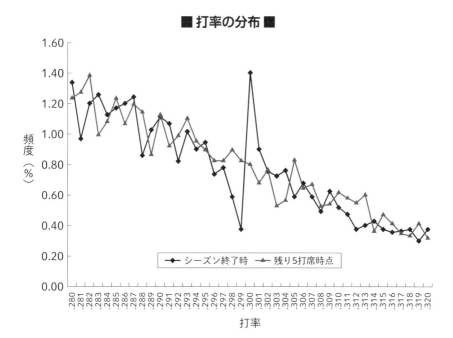

■ 打率の分布 ■

※出典：図はPope & Simonsohn（2011）より引用し、筆者が日本語に改変。

さらに彼らは、残り5打席の時点でのグラフではこのような傾向がみられないことも発見しました。前ページの図の「残り5打席時点」の数値をみると、3割のところで値が跳ね上がっていません。つまり、3割が近いメジャーリーガーは、最後の5打席で.300をなんとか超えられるように振る舞っていることが判明したのです。

　.299と.300は、1000打席立った場合に安打数が1本異なる程度の差なので、数字としてはたいして変わりありません。数理的にみれば.299の選手と.300の選手では、実力差はないに等しいといえます。

　しかし、データをみると3割を目指して打者の行動が変化しており、この「3割が不自然に多い現象」は行動経済学としても興味深い題材なのです。

　では、打率3割を超えるために打者はどのような作戦をとっているのでしょうか。ポープとサイモンソンが主張する2つの作戦を紹介します。

作戦1：四球を選ばない

　1つ目の作戦は、四球を選ばないことです。四球では打率が変わらないので、四球にならないようにしているのです。

　論文では、打率3割直前でシーズン最後の打席を迎えた打者は、四球を選ぶ確率が低いことが示されています。特に、打率.299の打者は、1人も四球を選んでいないことが判明しました。次ページの図をみると、.299で凹みができていることがわかります。

　このことから、本節冒頭のクイズの状況では、わざと空振りをしたり、無理やりでもバットに当てにいってファールを狙ったりするバッターがほとんどであると予想されます。

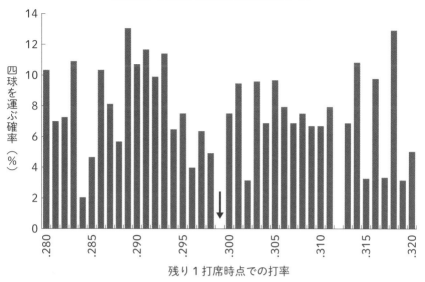

■残り１打席で四球を選ぶ確率■

残り１打席時点での打率

※出典：図はPope & Simonsohn（2011）より引用し、筆者が日本語に改変。

作戦２：高確率でヒットを打つ

　ポープとサイモンソンが提唱した２つ目の作戦は、頑張ってヒットを打つことです。打率を上げるためにヒットを打つというのは当然のように思えますが、３割をクリアしたい打者は驚異的な集中力を発揮しています。

　打率.299で最終打席を迎えた打者は、なんと43％の確率でヒットを打つことが報告されています。次ページの図に、最終時点での打席の打率とヒットを打つ確率を示しました。

　打率.299で最終打席を迎えた打者が特筆してヒットを打っていることがわかります。

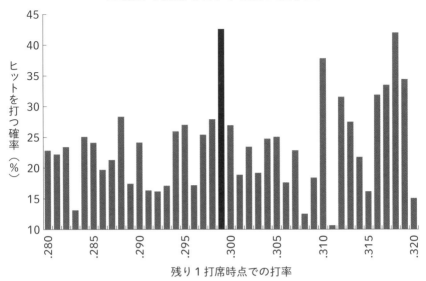

■残り１打席でヒットを打つ確率■

残り１打席時点での打率

※出典：図はPope & Simonsohn（2011）より引用し、筆者が日本語に改変。

　３割打者になるために死にものぐるいの選手は、野球史上最強に並ぶほどの打力を誇る選手に変貌します。ちなみに、近代野球（1900年以降）におけるメジャーの最高打率は.426です[v]。

投手側の"手加減"が影響する可能性

　もしかすると、.299の打者の成績がいいのは、投手側のある種の"手加減"が影響していると考える方もいるのではないでしょうか？

　消化試合で最終打席を迎えた場合、投手側がわざと手を抜いて、.299の打者の３割達成をサポートする可能性があるのではないか、という反論です。たしかにこの可能性は捨てきれません。

　プロ野球では、1996年に谷繁元信（当時・横浜ベイスターズ）の３割がかかった打席で、古田敦也（当時・ヤクルトスワローズの捕手）が投手にストレート勝負を要求したといった逸話もあります[vi]。

　ただし、投手も投手で自身の生活がかかっていますから気軽に手加減はできないでしょうし、全試合が中継されている現在ではあからさまな手加減は許されないでしょう。このような背景を踏まえると、"手加減"があったとしても影響はごくわずかだと考えられます。3割直前の打者そのもののパフォーマンスが高まると考えるのが自然です。

　1つ目の「四球を選ばない」、2つ目の「高確率でヒットを打つ」といった作戦は打者の普段の行動とは異なっています。3割というキリのいい目標を前に、打者が判断（＝作戦）を変えていることがわかる結果です。

日本プロ野球での再現

　2018年の中村・今川による研究[vii]では、2005年から2017年までの日本のプロ野球の累計669人の打率を調べ、打率.299でシーズンを終了した打者が2人だったのに対し、打率.300でシーズンを終了した打者が28人であったことを示しました。つまり、たった1厘の差の間で14倍もの違いがみられたのです。中村と今川は、他の1厘差の打率間の人数の比を調べ、打率.299と打率.300の間の比率がもっとも大きいことも報告しています。

　このように、3割の「概数効果」はメジャーでも日本のプロ野球でもみられます。おそらくは、世界中の野球リーグや様々なカテゴリの大会でもみられることが想定されます。

現場への応用①：最終戦ではクサイところにとにかく投げる

　では、この認知バイアスを実際の野球にどのように役立てることができるかを紹介していきます。

　1つ目は、バッテリーの配球に役立ちます。具体的には、最終戦で3割直前の打者に対して、クサイところ（ストライクかボールか際どいゾ

ーン）を攻めることが有効と考えられます。

　ポープとサイモンソンの研究では、3割直前の打者は四球を選ぶ可能性が極めて低いことが報告されていました。つまり、そのような打者はストライクかボールか際どい投球について、普段より積極的にスイングすることが予想されます。

　これを逆手に取って、投手側はクサイところに投げることで凡打や空振りを取れる確率が高まるといえるでしょう。

　もちろんこれはシーズン最終戦、たった1試合の最終打席にのみ有効な作戦です。ただし、シーズン最終戦といえば優勝やポストシーズン進出がかかった重要度の高い試合であることも多いです。しかも3割直前の打者というのはチームの中心選手であることがほとんどでしょう。「3割直前の打者は四球を選ばず、普段以上にヒットを打つ確率が高い」ことを知っているだけで、優勝やポストシーズンを手繰り寄せる可能性が高まります。

　近年はデータの発展により、細部にこだわった配球や根拠にもとづく配球が重視されています。最終戦ではこの認知バイアスを念頭に配球を組み立てることで、より質の高い配球ができるようになるでしょう。

現場への応用②：キリのいい目標を作る

　2つ目の応用法としては、「打率3割」に代わるキリのいい目標を作ってチームに浸透させることが考えられます。

　実は、セイバーメトリクス（野球データを統計的に分析する考え方）の観点からみると、選手を評価するうえで打率はあまり適切でないといわれています。というのも、打率は得点との相関（関係性）が高くなく、より相関が高いOPS（出塁率＋長打率）のような指標のほうが選手の能力を適切に評価できると考えられているからです。近年はより複雑な指標や、打席の結果ではなく打球速度といったプロセスを評価しようという動きも盛んになっています。

打率でない指標についてもキリのいい目標を浸透させれば、概数効果が生まれ、目標に向けて選手のパフォーマンスが向上することが想定されます。

たとえば、OPS（出塁率＋長打率）については、打率3割のように共通して知られている"よい打者"の基準はありません。OPSの開発者の1人であるビル・ジェームスはOPS.766以上の打者を「よい打者」、OPS.833以上の打者を「非常によい打者」、OPS.900以上を「素晴らしい打者」と定義していますが、よい打者・非常によい打者はキリのいい数字ではないため、概数効果が観測されないと予想されます。

もし、OPS.800以上をよい打者の基準としているチームがあれば、そのチームの選手は目標をクリアするために終盤戦のパフォーマンスが向上することが予想されます。OPSは打率よりも得点に結びつきやすい指標ですから、そのチームの得点力は効果的に増加し、打率を目標にしたときと比べて勝ち星につながりやすいといえます。

プロ野球チームでは、特定の目標をクリアすると年俸が上がるようなインセンティブが用意される場合も多いです。打率だけでなくOPSや他の指標についてもキリのいい数字をインセンティブとして掲げることで、目標がより浸透しやすくなるでしょう。

▎概数効果でパフォーマンスが向上する

キリのいい目標を掲げることでパフォーマンスが向上するというのは、一見シンプルな一般論のようにもみえますが、その背景には概数効果という認知バイアスの存在が挙げられます。

この認知バイアスは、マラソンといった個人競技だけでなく、野球という対戦競技でもみられ、メジャーや日本のプロ野球といった一流のリーグでも観測されました。そして概数効果を援用すると、最終戦での作戦立案に役立ったり、チームのパフォーマンスを高めたりするための目標設定を行なうことが可能になると考えられます。

「目標がキリのいい数字か」で結果が変わる

この概数効果を日常に活かす1つは、目標設定の部分でしょう。

キリのいい数字を目標にするというのは、一般的に使われる手法ではありますが、概数効果はその有効性を論理的に支持しているといえます。また、目標がキリのいい数字でない場合は、何らかの方法でキリのいい数字に変換するといいでしょう。

大学入試を例に考えてみましょう。東京大学に入るためには共通テストで、900点中810点取ると有利になるといわれます。この810点は800点を少し超えていてキリがよくありません。そこで、得点率90%（810÷900）と読み替えることで、9割というキリのよい数字にできます。

さらに、概数効果ではキリのいい数字を目指してパフォーマンスが高まることも示唆されています。このため、キリのよい目標を設定することで、達成率が高まることも考えられます。

先述したように野球では、近年著名になったOPSという指標があります。OPSは出塁力と長打力の双方を評価する指標で、1.000を超えると極めて素晴らしい打者であることが知られています。この基準がわかりやすいため、OPSは浸透し、多くの打者がこれを目標に日々努力をしています。実際に2023年の大谷翔平は、この1.000超えを意識していることを公言し、1.066でシーズンを終えました。

「目標設定は大切」というと月並みな結論になってしまいますが、概数効果を知っておくことで、自分や周囲が目標に近づく助けになるでしょう。

第3章まとめ：概数効果

◎概数効果と参照点依存

　概数効果は、キリのいい数字を目指す傾向のことを指しました。「4時間を切る」「3割を超える」というキリのいい数字をクリアするために、人の意思決定は変化することが知られています。

　特にマラソンで、4時間ペースから遅れているランナーは最後の2.195kmで加速する、3割直前の打者は最終打席のヒットを打つ確率が4割以上になるなど、クリア直前のスポーツ選手はパフォーマンスが大きく高まることがわかりました。

　この概数効果は「参照点に依存している」点で、第1章で紹介した損失回避バイアス（プロスペクト理論）や第2章で紹介したフレーミング効果と共通点を持ちます。参照点というのは、人間が物事の価値（心理的価値ともいいます）を判断するとき、基準となる点のことです。

　マラソンの例では、4時間というのが参照点になります。この参照点よりいい記録になるか・ならないかというので、評価が大きく変わるわけです。4時間1分と3時間59分の差は参照点をまたぐため、大きく感じます。しかし、3時間59分と3時間57分の差は参照点をまたがないため、同じ2分であっても小さく感じます。

　第1章の損失回避バイアス（プロスペクト理論）では、損でも得でもない状態（つまり0）が参照点となり、損になったときに失われる価値が、得られる価値より低いという話でした。第2章のフレーミング効果は、客観的には同じ状況（テストで90点取った）に対して、得の参照点（90点取れた）から判断する場合と損の参照点（10点失った）から判断する場合で、感じられる価値が違うという話題でした。

　このように、参照点という考え方を理解することで、第1章～第3章をまとめて理解することができます。

参考文献

i   Allen, E. J., Dechow, P. M., Pope, D. G., & Wu, G. (2017). Reference-dependent preferences: Evidence from marathon runners. *Management Science, 63* (6), 1657-1672.

ii   Sokolova, T., Seenivasan, S., & Thomas, M. (2020). The left-digit bias: when and why are consumers penny wise and pound foolish?. *Journal of Marketing Research, 57* (4), 771-788.

iii   田口壮 (2017). 『プロ野球・二軍の謎』幻冬舎新書.

iv   Pope, D., & Simonsohn, U. (2011). Round numbers as goals: Evidence from baseball, SAT takers, and the lab. *Psychological science, 22* (1), 71-79.

v   1901年にナップ・ラジョイ（アスレチックス）が記録しました。

vi   谷繁ベースボールチャンネル（2022, 8月12日）.『【視聴者対談】キャリア唯一の打率３割を決めた打席で谷繁と古田敦也さんが交わしたある言葉とは..？』. YouTube. https://www.youtube.com/watch?v＝3vPFVlxyck0

vii   中村國則, 今川翔太. (2018). 多すぎる300, 少なすぎる299―日本プロ野球データにみる概数効果―. 日本認知科学会第35回大会, 207-209.

第4章
同調効果

周りを味方につける環境づくりが
成功のカギ

「朱に交われば赤くなる」という、人は周囲に影響されやすいことを意味することわざがあります。このことわざのように、人間は周囲の人と同じ意見や行動だと安心し、逆に自分だけが周囲と違うと不安を感じることが知られています。これは行動経済学で「同調効果」と呼ばれています。

スポーツの世界では、応援によって同調効果が生み出されることが知られています。スタジアムに数万人規模のファンが集まり、特定のチームや選手をみんなで応援します。これによって同調効果が生まれます。

では、スポーツではどのようなときに、どのような対象に同調効果が生まれるのでしょうか。歓声と同調効果の関係性について、本章ではサッカーや野球を例に理解を深めていきましょう。

球場の声援で減る
サッカーのファウル

 応援は誰に一番影響を与えると思いますか？

「ファンの応援のおかげで勝てました」と選手はインタビューでよく答えます。実は行動経済学では、応援がとある人物に作用し、実際に勝利に近づくことが知られています。

そのとある人物は、次のうち①〜③のうちの誰でしょうか。

①選手

②監督

③審判

つい

観客の声援に審判が影響されてしまう
同調効果

答えは③です。

実は行動経済学では、応援によって審判が影響を受け判定がホームチームに有利になる可能性が示されています。この章では同調効果に注目して、声援を送ることの価値について紹介していきます。

----------------------- **POINT** -----------------------
- 周囲の意見に影響される同調効果という認知バイアスが知られている。
- サッカーの審判も例外ではなく、観客の意見に同調するという実験結果が示されている。この同調によって、ホームチームに有利な判定になり、アドバンテージが生まれる。
- 声援によって生まれるアドバンテージは、年間2点分に値する。

応援というスポーツ文化の効果

応援は、スポーツ文化の1つといえるでしょう。

野球の応援歌や、サッカーのチャント、バスケのオフェンス・ディフェンスの声かけなど、スポーツの現場では多くのファンが同時に声を出して応援をする様子がよくみられます。スポーツによっては、応援団やチアリーダーといった"応援のプロ"がいるチームもあり、応援という文化が大切にされていることがわかります。

では、この応援、実際にどれくらいの効果があるのでしょうか?

選手が「応援に支えられている」とインタビューで答えていたり、応援を主導する人が「応援でチームを勝たせよう」と声かけをしたりしているのを耳にして、なんとなく応援は効果があると思っている人もいるかもしれません。

実は、行動経済学の視点では、応援の価値をデータで表すことができます。応援の効果が「勝率が○%増える」「得点が○点増える」といった数字で表されるのです。

近年は、スポーツ観戦の仕方も多様化してきました。現地に行くだけでなく、ネット配信や文字情報で楽しむファンも増えているといわれています。応援の効果にスポットライトをあてることで、現地に行って声を出す価値を再確認していきましょう。

ホームアドバンテージと声援の関係

　応援の効果を説明するために、「ホームアドバンテージ（ホームタウンアドバンテージともいう）」を紹介します。ホームとアウェイで試合を行なうスポーツでは、ホームチームが勝ちやすいことが知られています。たとえば、Ｊリーグの勝率は、ホームチームが42％、アウェイチームが34％、引き分けが24％とホームチームの勝率が高くなっていますi。これは、Ｊリーグだけでなく、他のスポーツや海外のチームでもホームチームが有利という結果が出ています。

　スポーツの研究では、「なぜホームチームが有利なのか」について、古くから検討されてきました。「ホームグラウンドに詳しいため」「移動が少ないため」「中心選手がホームで優先的に起用されるため」といった、様々な要因が検討されてきましたが、しばらく統一した見解は得られていませんでした。2000年代になり、スポーツのデータが集計しやすくなると、ホームアドバンテージは、「審判がホーム有利の判定をするため」に生じるということが知られるようになってきました。

　実際に、野球ではストライクとボールの判定がホームチームに有利であることや、サッカーやバスケではホームチームがアウェイチームに比べてファウルを取られづらいことが示されました。審判は公平にジャッジしているようにみえて、実はホームチームに有利なジャッジをしているということです。

　ただし、世界中の国・スポーツで共通して、プロリーグの審判が"わざと"ホームチームに有利になるように振る舞っていると考えづらいです。何らかの認知バイアスが働くことで、無意識的にホームタウンに有利な判定をしてしまっていると捉えるのが自然といえます。

　どうしてそのようなことが起きてしまうのでしょうか？

　行動経済学の視点では、審判が観客の声に同調することでホームチームに有利な判定をしている可能性が示されています。つまり、審判は声

援に影響を受け、チームが有利になることがわかっているのです。

周囲に影響されやすい「同調効果」

認知バイアスの1つに同調効果があります。同調効果について、1951年に行なわれたアッシュの実験を追体験してみましょう[ii]。

下に、線が1本だけ書かれている「sample」の図と、長さの異なる3本の線が書かれている「A・B・C」の図があります。

ここでみなさんに質問です。「A・B・C」のうち、「sample」と同じ長さの線はどれでしょうか？

■ アッシュの実験 ■

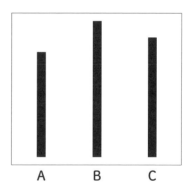

sample   A   B   C

答えは「B」の線です。

多くの方が迷わずに正解できたと思います。実際、アッシュの実験でも99％の参加者が「B」と回答したそうです。

しかし、この実験はサクラを用意すると結果が大きく変わります。

たとえば、7人を実験室に呼んで、先ほどと同様に「sample」と同じ長さの線がどれかを質問したとします。このとき、7人中6人はあらかじめ仕込んだサクラで、「sample」と同じ長さである線は「C」だと、わざと誤りの回答をします。そうすると、残りの1人は32％もの確率

でサクラと同じ「C」の線と回答をすることが報告されました。

アッシュの実験ではこのような問題が18問出題され、最終的にサクラの意見に流されずに全問正解できた実験参加者は全体の４分の１しかいなかったことが示されました。このことからわかるように、人間は自分ひとりなら正確に判断できる場合であっても、周囲の声に影響されて誤った判断をしてしまうケースがあります。

サッカーのファウルの判定にまつわる同調効果

ネビルたちの研究では、サッカーおけるファウルの判定で同調効果が起きる可能性を検討しています[iii]。この研究は、「どちらのファウルかわかりづらい五分五分のプレーが起こった場合、観客の声に影響されるのではないか」という仮説にもとづいています。

スタジアムにはホームタウンの観客がほとんどです。このような状況で五分五分のプレーが起きた際は、アウェイチームの選手に溢れんばかりのブーイングが起こり、ホームチームの選手の安全を祈るようなサポーターの姿が目立つはずです。アウェイチームのサポーターの声はかき消されます。スタジアム全体がアウェイチームのファウル（＝ホームチームのノーファウル）を主張するため、同調効果が発生し、審判はホームチームに有利な判定をしてしまうというメカニズムです。

ネビルは、サッカーの審判員の資格を持つ実験参加者を40名集めました。そしてイングランドプレミアリーグのサッカーの試合から、47本のファウルの可能性があるシーンを抽出し、各プレーについて、「ホームチームのファウル」「アウェイチームのファウル」「ノーファウル」「判定不能」の４つを答えるようにしました。

このとき、歓声がどれほどの効果があるかを検証するために、実験の参加者の半分（20名）は試合映像と同じく観客の声が入った映像を見せ、残りの半分（20名）には音声がミュートされている映像を見せました。

結果は、次ページのグラフです。

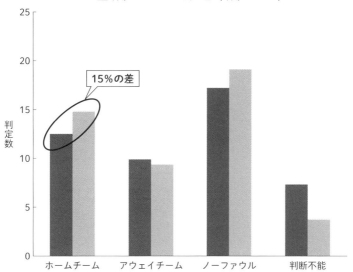

■ネビルらの実験■

■ 歓声あり　■ 無音（歓声なし）

15%の差

判定数

ホームチーム　アウェイチーム　ノーファウル　判断不能

　まず注目してほしいのが、一番左のグラフです。歓声がある場合（濃いグレー棒）は、歓声がない場合（薄いグレー棒）に比べて、ホームチームのファウルと判定される確率が15%低くなっています。

　次に注目すべきなのは、右から2つ目のノーファウルのグラフです。歓声がある場合は歓声がない場合に比べて、ノーファウルの割合が減っています。サッカーのファウルは、選手の衝突が激しい場合に取られるため、歓声を聞いたことで衝突が激しいと判断されることがわかります。

ネビルらの分析

歓声がある場合、
○ノーファウルが減る
○ホームチームのファウルが15%減る

声援がホームチームを
有利に！

これらの結果から、サッカーの審判員はスタジアムの歓声に影響されて判定がホームチーム寄りになることが考えられ、その背景として、歓声に流される同調効果という心理バイアスが挙げられます。

　読者のなかには、審判の経験や力量によって結果が異なるのではないかと考えた方もいると思いますが、ネビルたちは追加で分析し、審判員の経験の長さにかかわらず、歓声によってホームアドバンテージが加速することを示しています。この同調効果はほとんどの審判にみられると考えてよいでしょう。

ファンは２点分のディフェンダー

　歓声によって、ホームチームのファウルが15％減っていることがわかりました。サッカーの１試合のファウル数は10〜15程度なので、歓声によって１試合に１個程度ファウルが減っていることになります。

　自軍のファウルが減れば、相手のセットプレーを減らすことができ、チームのピンチを減らすことができます。Ｊリーグのデータで計算すると、ファウルが１試合に１個減れば、年間で失点が２点ほど減ることが期待できます。サッカーでは１点が天地の差を分けるため、「２点」はかなり大きな違いにつながります。

　「サポーターは12人目の選手」と表現されることもありますが、実際にプレーすることはできなくても、必死に声援を送ることで、試合結果に関与し、勝利に貢献しているといえるのです。そのため「12人目の選手」というのは単なる比喩ではなく、判定に影響を与えて年間２点分の働きをしていることがわかりました。

　逆にいえば、スタジアムに観客が入らなかったり、アウェイチームのファンが多かったりする場合はホームアドバンテージが弱まってしまいます。ホームジャック（相手の主催試合にファンが大挙し、まるでホームのような雰囲気になること）は判定の面で有利に働くでしょう。集客と勝敗は一見無関係にみえるかもしれませんが、ホームアドバンテージ

の大小という点で関係してくるのです。

集客の基準に使える同調効果

　ホームアドバンテージは多くのスポーツでみられることが知られています。声援によってチームの勝利に貢献できるのです。

　近年はネット配信などにより、現地に行かなくてもスポーツを楽しめるようになってきました。しかし、応援しているチームに絶対勝ってほしいと望むファン・サポーターは現地に行くことをおすすめします。声を出して審判に届けることで、ほんの少し、されど少し、勝率を高めることができるのです。

　この声援とホームアドバンテージの関係は、スポーツチームの経営者も知っておくと役立ちます。

　なぜなら、チームの勝利に貢献してほしいとアピールすることで、集客につながるからです。スポーツチームが集客に力を入れる理由には、チケット収入の増加や、球場・スタジアムの一体感の醸成が挙げられますが、そこに勝利への貢献を加えることができます。

　集客数とホームアドバンテージの関係を分析することで、スタジアムが満員になれば「勝率が○％上がる」「優勝確率が△％から□％に上がる」といった具体的な数字を掲げることができます。

　応援するチームの勝利を願ってやまないファンや、チームに数字で貢献することに喜びを感じるファンもいるでしょうから、そういった層に対し説得力を込めた集客をすることができるのです。

　普段から応援に力を入れている人も、実際に貢献できていることを知ることで、応援するモチベーションが上がるでしょう。

　今回は、歓声が「ある」か「ない」かの実験で、声援がチームを支えていて、それが現地に行く価値の１つであることがわかりました。

　次の節では、歓声の大きさによってどれくらいホームアドバンテージは変わってくるのかについて分析していきます。

社会生活は同調効果で成り立っている⁉

　同調効果として、一番身近な例は"流行"でしょう。

　例として、「ゲームのダウンロード」を挙げてみます。人気のゲームは好評のレビューや口コミが集まります。周囲の評価やネットの評価が高いことを知ると、きっとそのゲームはおもしろいんだろうなと思い、手に取る方もいるでしょう。これは他人のおすすめによって、自身の興味や購買行動が変化しているといえます。このように、他人のおすすめに同調することによって、流行は広まっていきます。

　ゲームの他にも、「流行りのファッションブランド」「人気のラーメン屋さん」に行列ができるのも、同調効果の影響といえるでしょう。マスメディアによる広告やインフルエンサーによる口コミは、ユーザーの同調効果を煽る点でも効果があるといえます。

　また、この同調効果は、社会的なイベントを推進する役割も担っています。

　たとえば、「周囲が受験勉強（就職活動）を始めたから自分もやらねばと思う」「来週締切りの書類を周りが早めに提出しているから自分も早めに取りかからなければならないと思う」といった経験はみなさんにもあるのではないでしょうか？

　受験、就活、恋愛……など、社会イベントを進めるうえで周囲の影響は欠かせません。同調効果があるからこそ、社会生活は成り立っているといえます。

　ただし、これは行きすぎると同調圧力になってしまいます。「過度な受験競争」や「結婚を求められるプレッシャー」などで病んでしまう人もいるでしょう。

　人間は同調しやすい生物なので、自身が過度な同調によって苦しんでいないか確認することが大切です。また、自身が影響を与えて周囲に迷惑をかけていないか、省みることも忘れずに。

競技場の形状で大きく変わる
ホームアドバンテージ

 声援の効果が大きいスタジアムはどれか？

　サッカーにおいて、どちらの競技場（スタジアム）が声援の効果が大きくなるでしょうか？

①陸上トラックがないサッカー専用競技場

②陸上トラックを併設した複合型競技場

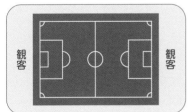

①陸上トラックがない
サッカー専用競技場

観客　観客

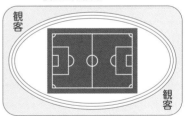

②陸上トラックを併設した
複合型競技場

観客

観客

つい

声が伝わりやすい状況で、審判が声援の影響を受ける
同調効果

　答えは①です。声援の効果を扱った研究では、陸上トラックがある競技場は、サッカー専用競技場に比べてこの効果が小さくなることが知られています。競技場の形状でホームアドバンテージはどの程度変わるのか、Ｊリーグの事例で紹介していきます。

- 声援による同調効果は、陸上トラックがある競技場に比べてサッカー
専用の競技場で大きくなる。
- サッカー専用競技場では陸上トラックがない分、声が通りやすく、同
調効果が大きくなると考えられる。
- 特に声が通りづらい競技場では、サッカー専用の競技場に比べて、１
試合に１本程度フリーキックを損している。

▌サッカー競技場は大きく分けて３種類

　前の節で、声援によって審判が観客に同調すること、それによってホ
ームアドバンテージが生まれる可能性について紹介しました。では、声
援の音量の大きさで、ホームアドバンテージはどのような影響を受ける
でしょうか？
　サッカー競技場の形状の違いに着目した研究を紹介します。
　サッカー競技場の形状は大きく分けると３種類に分類されます。

■ サッカー競技場の形状の種類 ■

A：陸上競技場と併設　　　　B：球技専用競技場　　　　C：サッカー専用競技場

1つ目は陸上競技場と併設されているパターンです（以下、陸上競技場と呼びます）。代表的な競技場としては国立競技場や日産スタジアムが挙げられます。ピッチの周りには陸上トラックや幅跳びのエリアがあり、観客席とピッチがどうしても遠くなってしまいます。

　2つ目は、「球技専用競技場」と呼ばれる、サッカー、ラグビーやアメリカンフットボールに対応した競技場です。ノエビアスタジアム神戸が代表例といえます。球技専用競技場は、幅広い球技に対応するためにピッチが大きく設計されています。

　3つ目は、サッカー専用競技場です。代表例としては埼玉スタジアム2002が挙げられるでしょう。まさにサッカーのためだけに作られた競技場なので、陸上トラックや余計なスペースなどがなく、ピッチのすぐ近くに観客席が設けられています。

　研究では、陸上トラックがある陸上競技場と、サッカー専用競技場のホームアドバンテージを比較していきます。サッカー専用競技場では声援がすぐ審判に届きますが、陸上競技場ではトラックがある分、審判に伝わる音量が小さくなってしまう可能性があります。そのため、陸上競技場ではサッカー専用競技場に比べてホームアドバンテージが小さくなると推測できます。

　声援の音量を実際に計測するのは難しいですが、スタジアムの形状を比較することで声量の効果を擬似的に検証できるという算段です。では実際に、形状の違いによってホームアドバンテージはどの程度異なるのか、2010年に行なわれたウンケルバッハとメマートの研究で確認しましょう[iv]。

サッカー専用競技場ではイエローカードが6枚減る！

　この研究では、ドイツのサッカー1部リーグであるブンデスリーガの1430試合を対象に分析し、ホームチームとアウェイチームの「イエローカードの差」をホームアドバンテージとして定義しています。

たとえば、ある試合でホームチームがイエローカードを２枚、アウェイチームが３枚もらったとします。この場合は、３枚から２枚を引いた１枚がホームアドバンテージとして計算されます。このホームアドバンテージの量がサッカー専用競技場と陸上競技場で異なるかを検証したところ、結果は、かなり明確でした。

　サッカー専用競技場の場合は１試合あたり0.66枚のホームアドバンテージがあるのに対して、陸上競技場のホームアドバンテージは0.36枚まで減ってしまいました。この結果は、陸上トラックがあると声援が届きづらくなるため、声援の効果が小さくなる可能性を示しています。

ウンケルバッハとメマートの分析

○１試合あたりのイエローカードのホームアドバンテージ
　サッカー専用：0.66枚
　陸上トラック有：0.36枚
○トラックがあると声が届きにくい
　声援の効果が小さくなる

　サッカー専用競技場と陸上競技場のホームアドバンテージを比較すると、イエローカード0.3枚の差になります。

　ホームで20試合戦うと仮定すると、年間６枚の差が生じます。この差は戦術や選手起用にも影響するに違いありません。サッカー専用競技場をホームとするチームは、陸上競技場をホームとするチームに比べて、果敢なタックルを仕掛けられるので戦術も変わってくるでしょう。

　また、陸上競技場をホームとするチームはイエローカードが出やすいので、カードによる出場停止や選手交代を強いられる場面が多くなるともいえるでしょう。

　このように、サッカー専用競技場と陸上競技場ではホームアドバンテージに明確な違いがみられました。サッカー観戦をより楽しくすること

に注力しているサッカー専用競技場ですが、ホームアドバンテージを増大させるという点でも勝利に貢献していることがわかりました。

陸上競技場をサッカー専用競技場に変えるとゴールが増える

　この声援の効果は日本のJリーグでもみられるのか分析してみましょう。今回は、2015年から2018年までのJ1リーグの試合における、フリーキックの数とイエローカードの数を集計しました。Jリーグのスタジアムを陸上競技場・球技専用競技場・サッカー専用競技場の３つに分類し、陸上競技場とサッカー専用競技場の結果を比較していきます。

　まず、柏レイソルを例に分析してみます。柏レイソルはこの４年間、ホームでのフリーキックは1,029回、アウェーでのフリーキックは996回でした。

　この数字をもとに、ホームからアウェーを引いて、試合数で割ると、ホームではアウェーに比べ１試合あたり0.5回フリーキックが多い結果となりました。また、同様の計算をイエローカード数についても行なうと、柏レイソルの場合、ホームではアウェーに比べて１試合あたり0.25枚イエローカードが少ないことがわかりました。

　数字は全クラブでもトップの値でした。柏レイソルは三協フロンテア柏スタジアムというサッカー専用競技場（しかもピッチとの距離が極めて近い）をホームにしていますが、その効果が出ているといえます。

■柏レイソルのホームアドバンテージ■

	ホーム	アウエー	1試合あたり
フリーキック	1029	996	0.5回多い
イエローカード	79	94	0.25枚少ない

この分析をすべてのクラブについて行ない、サッカー専用競技場と陸上競技場で平均した結果が下の表です。

■J1リーグのホームアドバンテージ■

1試合あたり	フリーキックの増加量	イエローカードの減少量
専用	0.3	0.12
陸上競技場	−0.1	−0.07

※2015-2018シーズンを対象

サッカー専用競技場では、ホームアドバンテージによって1試合あたりフリーキックが0.3回増え、イエローカードは0.12枚減っていることがわかりました。一方、陸上競技場をホームとするクラブでは、1試合あたりフリーキックが0.1回減り、イエローカードが0.07枚増えるという結果になりました。

なんと、陸上競技場では効果がマイナスになっており、ホーム"アドバンテージ"ならぬディスアドバンテージを獲得するという結果になってしまいました。

もし、現在陸上競技場をホームとしているチームがサッカー専用競技場になったとしたら、フリーキックは1試合あたり0.4回増え、イエローカードは0.2枚減ることになります。

ホームでの試合は年間約20試合あるので、フリーキックは8回増え、イエローカードは4枚減ると見込めます。フリーキックが上手な選手がいればこの8本でシーズンががらりと変わるでしょうし、イエローカードが減ればより激しい守備ができるようになるでしょう。

広島は新スタジアムで躍進する可能性あり？

残念ながらホームアドバンテージを一番獲得できなかったクラブにつ

いても紹介します。ホームアドバンテージ最下位だったのは、エディオンスタジアム広島（陸上競技場）をホームとするサンフレッチェ広島でした。

　サンフレッチェ広島は、ホーム"アドバンテージ"によって、毎試合フリーキックを１本"損"しているという結果になりました。エディオンスタジアム広島は、雨よけの傘が小さく音が反響しづらい構造です。また、客席が１段なので上から声援を送ることができず、声援が審判に届きづらいためホームアドバンテージが最下位になったと考えられます。

　そんなサンフレッチェ広島に吉報があります。

　新スタジアムの建設です。2024年からは、サッカー専用競技場であるエディオンピースウイング広島に引越し予定です。この新スタジアムはピッチと観客席の距離が近いだけでなく、声援が反響しやすい構造になっており、まさに声援が審判に届きやすい形状になっています。

　以前のエディオンスタジアム広島に比べて、ホームアドバンテージも大幅に拡大することが予想されます。近年はタイトルまであと一歩の惜しい戦いが続いているサンフレッチェ広島ですが、新スタジアムが最後の後押しになるか注目です。

勝利のための新スタジアム

　さて、ここまでドイツのブンデスリーガと日本のＪリーグについて、サッカー専用競技場で大きなホームアドバンテージがみられることを紹介してきました。スタジアムの形状が違うだけで、フリーキックやイエローカードの枚数が変わるというのは興味深い発見です。陸上競技場をホームとしているチームは、優勝したければいますぐにでもサッカー専用競技場を建設したほうがよいといえるでしょう。

　実際、Ｊリーグではサッカー専用競技場を作る流れが広まっています。現在、計８個の新スタジアム建設が決定されており、そのうち７つがサッカー専用競技場です。2024年には、エディオンピースウイング広島（サ

ンフレッチェ広島)、Peace Stadium Connected by SoftBank(V・ファーレン長崎)、金沢ゴーゴーカレースタジアム（ツエーゲン金沢）が開場しましたが、この3つはすべてサッカー専用競技場です。やはり、選手やファンはよりサッカーを楽しめるサッカー専用競技場を望んでいるのでしょう。

　一方、サッカー専用競技場を作りたくても自治体や住民の理解を得ることが難しいといった状況も事実です。陸上競技場であれば、陸上、ラグビー、サッカーといった幅広い競技に対応でき、多くの住人のニーズを満たし、様々な大会を行なうことができます。しかしサッカー専用競技場はサッカーしかできず、サッカーが好きな人の自己満足なのではないか、という疑念を持たれ新スタジアムの話が進まないこともあるのです。

　この状況を打破するために、声援の効果はアピールポイントになります。つまり、新スタジアムは観客の満足度を上げるだけでなく、勝利につながることをアピールできるのではないかと考えています。また、勝利が増えれば、ニュースで町の名前が呼ばれる回数が増えるため、スポンサー企業は全国的な宣伝になります。また、勝利によってクラブが潤えば、サッカー教室をはじめとするホームタウンでの活動にもリソースを割くことができ、地域社会の貢献にもつながります。優勝してスポーツバラエティ番組に呼ばれた選手が自治体の宣伝をしてくれることもあるでしょう。新スタジアムを作る、ホームアドバンテージが増える、勝ち星が増える、地域に利益をもたらすという構造が、もっと広く知られてほしいです。

　観客の声援によってホームアドバンテージが生まれ、ピッチとの距離が近い専用競技場でその効果が大きいことがわかりました。

　最近はサッカー以外にも、バスケットボールなどで競技に特化した競技場を作ることが盛んになっています。

　次の節では野球に注目し、甲子園の魔物と歓声の関係について触れた後、実際のプロ野球データを分析していきます。

あなたもこんな環境に影響されているかも？

同調効果とクラウドノイズ

Ｊリーグでは各チーム、特徴のあるチャント（応援歌）や応援方法（旗を使う、ペンライトを使う等）を行なっています。今回は鹿島アントラーズのチャントについて取り上げます。

鹿島アントラーズはタイトルを何度も獲得し、2桁順位はほとんどない強豪チームです。そんな鹿島アントラーズのチャントは、複雑な歌詞がほとんどないことが特徴的です。たとえば、柴崎岳のチャントは「オー柴崎 オー柴崎 オー柴崎」です。歌詞を知らなくてもノリやすく、声も出しやすいため、審判の同調効果につながりやすいチャントなのかなと思っています。同調効果という視点からみると、複雑な歌詞よりも歌いやすさのほうが重要なのではないかと、鹿島アントラーズの応援をみていると感じます。

また、アメリカンフットボールやバスケットボールでみられる、"クラウドノイズ"という文化についても紹介します。クラウドノイズは、相手から攻撃されているときに、ファンが一斉に大声をあげ、相手の司令塔（クオーターバックやポイントガード）の声がチームメイトに届かないようにし、相手の作戦を妨害することです。特にアメリカにおいてはこのクラウドノイズが盛んで、アメリカンフットボールの大学リーグでは、クラウドノイズが度を越して激しい場合、チームが罰則を受けるというルールも存在します。

日本でも、サッカーのPKやバスケットボールのフリースローで、このクラウドノイズがみられます。これは、相手の作戦を妨害するというよりは、相手の集中力を削ぐのが目的かもしれません。

このように、声援には様々な効果があります。もちろん、選手が勇気づけられるのも声援の効果の1つです。これらの効果について、計測・分析・定量的に評価することも、行動経済学やスポーツ心理学の課題です。

声援は「甲子園の魔物」を後押ししている!?

 野球ではどのような声援の効果がある？

　声援による同調効果は、野球でもみられることが知られています。では、野球では声援によってどのような影響があるのでしょうか、次の①〜③から選んでください。

①打球がホームランに
　なりやすい

②ギリギリの
　スライディングが
　セーフになりやすい

③ストライク・ボールの判定が
　有利になりやすい

つい

観客の声援に審判が影響され、ストライクゾーンが変化する

同調効果

　答えは③です。

　応援によって審判が影響を受けるのは野球でも変わりません。特に、ストライク・ボールといった曖昧な基準の判定において、同調効果がみられることが知られています。

----------------------------- **POINT** -----------------------------

● 野球でもホームアドバンテージが知られ、ストライクゾーンがホーム有利になっている。

● 審判が歓声に同調した結果、いわゆる「甲子園の魔物」が生まれる場合もあると考えられる。

● 近年観客を増やしているオリックスは、ホームアドバンテージの不利を克服した。ファン増加はホームアドバンテージの増加・改善につながる可能性がある。

佐賀北の「がばい旋風」

　野球における同調効果を紹介するにあたって、まずは2007年夏の甲子園（全国高校野球選手権）決勝、佐賀北対広陵のエピソードを避けることはできません。

　この対戦は、全国的には無名の佐賀北と強豪の広陵の対決でした。しかも、このときの野球界は野球特待生問題（野球をするため強豪校に便宜をはかってもらい入学すること）に揺れており、特待生とは無縁だった佐賀北の躍進は「がばい旋風」として取り上げられていました。

　そのなかで行なわれた決勝は、多くの観客が佐賀北の下剋上を応援する異様な雰囲気でした。

　試合の序盤・中盤は、広陵が主導権を握っていました。試合が大幅に動いたのは、佐賀北が4点差を追う8回。ここまで好投を続けていた広陵のエース野村祐輔（現・広島東洋カープ）が突如乱れます。

　ここで象徴的な事件が起きます。

　一死満塁3ボール1ストライクの場面で、野村の渾身のストレートが真ん中低めに決まります。球審によってはストライクと判定するかもしれないコースでしたが、判定はボール。押し出しで3点差となりました。

捕手の小林誠司（現・読売ジャイアンツ）も納得がいかなかったのか、ミットを地面に叩きつける様子がみられました。

このイニングには他にも際どいコースをボールと判定されていて、困ってしまった野村と小林のバッテリーは、続く打者に対してスライダーをど真ん中に投げ込み、打球は無情にもレフトスタンドへ。お釣りなしの逆転満塁ホームランで、佐賀北は劇的勝利を収めたのでした。

この試合は、公立の佐賀北が奇跡の優勝を果たした伝説の試合として、今でも高校野球ファンの間で語り継がれています。

それと同時に、３ボール１ストライクからの１球はやはりストライクだったのではないかと、試合の明暗を分けた疑惑の判定として取り上げられることもあります。

歓声は甲子園の魔物を後押ししている？

ここで思い出してもらいたいのは、甲子園球場の多くのファンが佐賀北を応援していたことです。歓声は佐賀北側が大きく、いわば佐賀北のホームスタジアムのようになっていました。

ここまで紹介してきた例と同様、球審が歓声の大きい佐賀北に有利になる判定をしてしまう可能性が考えられます。具体的には、佐賀北の選手の打席時でストライクかボールか際どい投球がある場合、ボールと判定してしまうことが推測できます。

がばい旋風で躍進した佐賀北は、応援も味方につけることで、四球を獲得し、奇跡的な満塁ホームランにつながったのかもしれません。

もちろん、この主張は「佐賀北がズルして勝った」「球審の技量不足だ」と疑いをかけるものではありません。サッカーの例でも挙げた通り、十分に訓練した審判でも同調効果に影響されてしまいます。それほどまでに応援の効果は大きく、また意識しても避けるのが難しいということを知ってほしいのです。

この決勝戦のように、甲子園では「甲子園の魔物」と呼ばれる信じら

れない逆転劇が繰り広げられることがあります。このようなとき、球場は逆転する側を応援するでしょうから、逆転側は判定で有利になる可能性が高まります。

声援は、甲子園の魔物を後押ししているといえるでしょう。

声援は毎試合四球を0.5個増やしている

では、実際に審判は声援に影響されて、際どいコースの判定が変わってしまうのでしょうか。メジャーを対象にこの可能性を確かめた、行動経済学者モスコウィッツの分析[iv]を紹介します。

モスコウィッツは、バッターが投球を見送ったとき、ストライクと判定される割合を、ホームとビジターで比較しました。ホームでは自軍のファンの声援が大きいですが、ビジターでは相手のファンの声援が大きくなります。そのため、ホームとビジターを比較することで歓声の影響を擬似的に検討できるという考えです。

結果、ストライクゾーンの端付近、つまりストライクかボールか際どいエリアにおいて、ホームのほうがストライクと判定されにくい（ボールと判定されやすい）ことを示しました。これにより、ホームのバッターは見逃し三振が減り、四球が増えることが予想されます。

またモスコウィッツは、カウントによってこのホームチームへのアドバンテージが変化することも示しています。特に、フルカウントの場合は、ビジターに比べてホームで5％近くボールと判定されると算出されています。

フルカウントは1試合で平均11回程度観測されると知られている[v]ので、ホームアドバンテージによって2試合に1つ程度、四球が増えるといえるでしょう。

高度に訓練されたメジャーの審判でも、声援（ホーム・ビジターの違い）による影響を受けると考察されます。

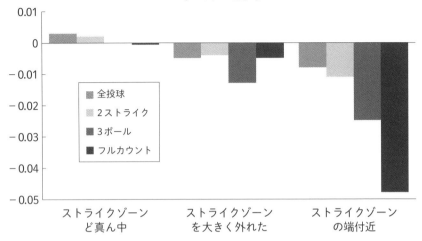

■見送った投球がストライクと判定される割合■

ホーム － ビジター

出典：Moskowitz & Wertheim (2011) より数値を引用し、筆者が図を作成。

観客動員数と見逃し三振アドバンテージ

　ホーム・ビジターによる判定のアドバンテージは、観客の数によって変化するのでしょうか。声が球審に影響を与えるのであれば、たくさん観客がいるほうがその効果が大きくなることが考えられます。

　今回は、2015年から2018年までのプロ野球を対象に、ホームとビジターで打者の見逃し三振数を比較しました。同じチームのなかでホームとビジターを比較することで、チームごとの打者の実力差や育成の方針の違いが結果に影響しないようにしています。

　たとえば、この時期の読売ジャイアンツは、ホーム（東京ドーム）での打者の見逃し三振が1試合あたり1.83個でした。一方、ビジターでの見逃し三振は1.90個。ホームに比べてビジターでは見逃し三振の数が104％と、4％見逃し三振が多いことがわかりました。この4％分、ホームアドバンテージで得していると解釈することができます。

■読売の見逃し三振アドバンテージ■

	ホーム （東京ドーム）	ビジター	ビジター/ ホーム
打者の 見逃し三振	1.83	1.90	104%

この分析を同じ時期の12球団について行ないました。

結果、千葉ロッテマリーンズ（ロッテ）とオリックス・バファローズ（オリックス）以外の10球団で、100％以上の値になりました。

■各球団の打者の見逃し三振比率■

読売	DeNA	阪神	広島	中日	ヤクルト
104%	113%	106%	102%	122%	110%
西武	**ソフトバンク**	**楽天**	**ロッテ**	**日本ハム**	**オリックス**
107%	104%	101%	**99%**	103%	**90%**

※ビジター／ホーム、順序は2019年順位

これは、自軍のファンが多いホームにおいて、打者の見逃し三振が少なくなる可能性を示しています。声援によって審判が影響を受け、2ストライクからの際どい投球が、ストライクと判定されづらくなると推測されます。

さらに、値が100％を下回ったロッテとオリックスは、この期間の観客動員数が12球団中、12位と11位でした。このデータだけで断言するのはやや早計かもしれませんが、この時期のロッテやオリックスは観客数が少ないために、歓声で審判に同調効果を起こすことができず、ストライク・ボールの判定で他球団に比べて損している可能性があったといえるでしょう。

さらに分析を進めると、見逃し三振に関するアドバンテージで特に低

第4章 同調効果

い値を記録したオリックスでは、このアドバンテージがないせいで他球団に比べて年間34アウトも損していることがわかりました。

　野球は１試合27アウトですから、まるまる１試合分以上損していると捉えられます。プロ野球では、１試合で順位が変わることもあるので、このアドバンテージはかなり影響があることがわかります。

▍オリックス３連覇の背景に観客増？

　ここまで読んでくださった野球ファンのなかには、オリックスの変化が気になった方もいるかもしれません。

　オリックスはその後、2021年から2023年シーズンまでリーグ３連覇を果たしました。強いチームになったことに加え、2010年代から推し進めてきたリブランディング施策も成功し、ファンが増えています。2023年の観客動員数は８位と、少しずつ順位を上げています。

　ここで注目すべき点は、2023年の見逃し三振のビジター／ホーム比率は113％で、2015-2018年に比べて20％以上高くなったことです。

　同じチームのホームとビジターの成績を比較しているため、この見逃し三振の比率の変化は、選手の努力や成長で説明することはできません。野球ではホームとビジターで作戦を変えることも少ないので、采配の影響とも考えづらいでしょう。

　そうなると、ファンが増えたこと、特に優勝争いのなかで必死に応援したことでホームアドバンテージが拡大したとも考えられます。観客が増えたことによって、見逃し三振比率が12球団平均をほんの少し上回り、判定の面で恩恵を受けるチームにまで変化したのです。

スポーツにおけるファンサービスの重要性

　選手やチームのファンサービスの重要性に触れたいと思います。

　近年は、ファンを大切にして中長期的な売上や利益を上げる「ファンベース」という考え方も広まっています。

　それに伴い、スポーツチームも YouTube や Instagram といった各種 SNS に力を入れています。選手を巻き込んだ企画をするチームも増えていたり、選手自身がメディアとして発信源になることが求められたり、広報という側面でいままで以上の活躍が求められるようになりました。

　その一方で、カメラの前に立つのは苦手だったり、おもしろいことをするのは苦手だったりする選手もいると思います。

　SNS の企画に参加するのなら、少しでも練習をしたいと思うこともあるでしょう。職人気質の選手にとっては、少し息苦しく感じる時代になりました。

　そんな選手には、声援による同調効果のことを知ってほしいと感じています。広告塔としてもファンサービスを頑張れば、チームにファンが定着する確率が高まります。ファンが増えれば、声援が増え、同調効果による支援が期待できます。

　野球選手だったら、大切な場面でストライクゾーンが自分にとって有利になるかもしれません。サッカー選手だったらファウルが減っていい守備やいい攻撃につながる確率が増えるでしょう。

　そう考えると、ファンサービスや広告塔としての活躍は、自分の成績を高めるための１つの練習と捉えることも可能なのではないでしょうか。ぜひ、ファンサービスにも力を入れて、よい結果を引き寄せてほしいと思います。

第4章まとめ：同調効果

◎スポーツの同調効果

　同調効果とは、人間は周囲の人と同じ意見や行動だと安心し、逆に自分だけが周囲と違うと不安を感じてしまう効果のことでした。

　行動経済学では、考えや行動による同調がよく研究されており、一般生活でも流行や社会活動の推進など、様々な場面で同調効果がみられます。

　今回は、スポーツを例に"声"による同調を扱いました。スポーツの場面では審判が観客の声に同調するために、ホームアドバンテージが生まれると考えられています。

　野球でもサッカーでも、一流リーグの審判でこの同調効果による判断の歪みがみられました。影響がみられるのは、ストライクゾーンの判断やファウルの判断など、審判に判断基準が任されている事象が対象となっていました。逆にいえば、フォースアウトやオフサイドといった、基準がかなり厳密に決まっているルールでは、このバイアスがみられないのでしょう。

　野球では、高校野球、プロ野球、メジャーのいずれのカテゴリでも、観客の声援に影響され、ストライク・ボールの判定がホームチーム（ファンが多いチーム）に有利になる可能性が示されました。この結果から、他の国や他の年代でも、この声援による同調効果がみられると考えられます。そして、高校野球における佐賀北の逆転弾や、オリックスが年34アウトも損していたことを考慮すると、応援の効果は少なからず勝敗に影響すると思われます。

　野球はブラスバンドや応援歌など、声や音を出して応援する人がたくさんいます。チャンスのときや得点したときに特別な歌を歌ったり、うまくいかないときは球場全体で励ましたりするような文化もあります。

これらは選手の心に響くだけでなく、審判の判断に影響するという点で、たしかに勝利に貢献しているとわかりました。

　また、どんなに訓練された審判であっても同調効果を避けることは難しいこともわかりました。このことから、他のスポーツでも応援の効果がみられると予想できます。同調効果は、ホームでたくさんの観客を集めることの大切さがわかるとともに、主要な国際大会を自国で開催することを支持する理由になるでしょう。日本で開催された世界大会、たとえば2019年のラグビーワールドカップ、2023年のバレーボールやバスケットボールのワールドカップで日本代表が躍進した裏には、選手の努力はもちろん、ファンの応援の力があったといえるでしょう。

◎近年の同調効果の問題点

　近年の同調効果の課題としては、リスキーシフト（危険な行動に賛同が集まること）が挙げられます。SNSの発展により、自身と同じ考えを持つ人と出会うことが簡単になりました。これにより"赤信号、みんなで渡れば怖くない"が頻発しやすくなっていると考えられています。

　たとえば、「過激な言動をするインフルエンサーとその賛同者」は同調効果とリスキーシフトの一例でしょう。過激な言動に評価が集まり、SNSのコメント欄は称賛で埋まります。それを見た人のなかには、他の賛同者と同調してしまい、知らず知らずのうちに過激な言動を増長させてしまうこともあるでしょう。その他、「いじめ」や「キャンセルカルチャー」も同調効果が深くかかわる社会問題といわれています。これらに加担しないためには、強い言動（例：称賛、非難）で溢れた場面やSNSに遭遇した際に、同調しないことが求められるでしょう。行動経済学の知識は、自己防衛の手段としても役立ちます。

　同調効果は、一流の審判にもみられるほど強い効果です。日常生活では同調のポジティブな部分を有効活用できるよう心がけたいものです。

参考文献

i SPAIA（2017）.『ホーム＆アウェイ。Ｊリーグにおいてホームが有利なのかをデータで検証』https://spaia.jp/column/soccer/jleague/4270

ii Asch, S. E.（1956）. Studies of independence and conformity: I. A minority of one against a unanimous majority. *Psychological monographs: General and applied, 70*（9）, 1-70.

iii Nevill, A. M., Balmer, N. J., & Williams, A. M.（2002）. The influence of crowd noise and experience upon refereeing decisions in football. *Psychology of sport and exercise, 3*（4）, 261-272.

iv Unkelbach, C., & Memmert, D.（2010）. Crowd noise as a cue in referee decisions contributes to the home advantage. *Journal of Sport and Exercise Psychology, 32*（4）, 483-498.

v Moskowitz, T. J, & Wertheim, L. J.（2011）. *Scorecasting: The hidden influences behind how sports are played and games are won.* Crown Archetype.（T.J.モスコウィッツ，L.J.ワーサイム／望月衛（訳）（2012）『オタクの行動経済学者、スポーツの裏側を読み解く 今日も地元チームが勝つホントの理由』ダイヤモンド社）

vi Coaching Kidz.（n.d.）. What is a full count in baseball? And how often they occur. Retrieved from https://coachingkidz.com/what-is-a-full-count-in-baseball/

第5章
サンクコスト

“もったいない” に惑わされず
冷静に損を減らす

　せっかく買ったものだから、使わなければもったいない。しばらく使ってないけど捨てるのはもったいなくて捨てられない。私たちの生活にはたくさんの “もったいない” があります。行動経済学では、すでに支払ったコストのことをサンクコストとよび、サンクコストを取り返そうと意思決定が変化することが知られています。

　本章では、ドラフトや銭闘（年俸交渉）、チームビルディングの例で、サンクコストとは何か、サンクコストを取り返そうとどのように意思決定が変化するのか、理解を深めていきましょう。

ドラフト「1巡目最後」と「2巡目最初」で スタメン数が大きく違う

 希望以下のドラフト指名をされたら入団？　進学？

　あなたは高校球児でドラフト注目候補だとします。4位以下なら大学進学を表明していましたが、4位で指名されました。あなたなら進学しますか？　入団しますか？　理由も含めて考えてください。

①進学　　　　　　　　　　　　　②入団

> つい

ドラフト順位が高いとチャンスを多くもらえる

サンクコスト

　サンクコストの観点では、答えは①の進学です。

　先行研究では、同じ実力の選手でも、ドラフト順位が高いほど年俸や出場機会で恵まれていることが知られています。その理由として、払ったコストを取り返したいサンクコスト効果が提唱されています。本節では、サンクコストとは何か、ドラフト順位にこだわるメリットは何かについて理解を深めましょう。

- もう払ってしまった費用を「サンクコスト」と呼び、サンクコストを取り返そうとする認知バイアスは、サンクコスト効果として知られている。
- アメフトのドラフトでは、サンクコスト効果がみられる。１巡目の最後の選手は２巡目の最初の選手に比べて、年俸や出場機会の面で大きく恵まれている。
- ドラフトでの価値が10％上がると年間16試合のうち2.7試合もスタメンが増えるため、ドラフト順位は大切である。

ドラフト順位縛りに割れたドラフト

2023年のプロ野球新人選手選択会議（ドラフト会議）では、"順位縛り"が話題を集めました。話題の中心にいたのは広陵高校の真鍋慧。高校通算62本塁打を誇る強打の内野手で、高校生ではトップクラスの打者でした。ドラフト会議では指名確実とみられていましたが、"順位縛り"の影響でどの球団も指名を見送り、野球ファンの間で大きなニュースとなりました。

順位縛りとは、選手側がドラフト○位以上でなければプロ入りせず、内定している進学先や就職先などの進路に進むという宣言です。真鍋は４位以下の指名であれば大学進学を希望。この年のドラフトはよい投手が多かったこともあり、どの球団も３位までに真鍋を指名しませんでした。４位以下で強引に指名することもできましたが、真鍋の意向を尊重して指名を見送りました。

この順位縛りについては、ファンのみならずプロ野球OBからも多くの意見が交わされる一大トピックになりました。

順位縛り反対派としては「プロに入れば横一線、スタートは同じ」「ドラフト下位選手でも頭角をあらわす選手もいる」という意見があります。

たしかに、福岡ソフトバンクホークスに育成４位で入団した千賀滉大や、読売ジャイアンツにドラフト６位で入団した戸郷翔征のように下位指名ながら華々しい活躍をする選手もいます。

　一方、順位縛り賛成派としては、ドラフト順位が高いほうがチャンスをもらいやすいことを指摘しています。

　日本代表監督を務める井端弘和（中日ドラフト５位）はインタビューで「ドラフト１位は10回失敗してもおそらく11回目のチャンスがもらえる。でもドラフト５位のオレは１回失敗したら次のチャンスはないと思っていた」と答えていますⁱ。

　実際、ドラフト下位で指名拒否し、ドラフトに再チャレンジすることで大活躍をした選手もいます。平松政次（中日４位拒否→２年後大洋２位）、山田久志（西鉄11位拒否→翌年阪急１位）、門田博光（阪急12位拒否→翌年南海２位）といった往年の名選手も、ドラフトに再チャレンジをして成功した選手です。

　では、ドラフト順位によって選手の出番やチャンスはどの程度変わってくるのか、サンクコストの視点から考えていきます。

すでに払った費用を回収したい「サンクコスト」

　サンクコストは、過去に支払ってしまいもう取り返すことのできない費用のことを指します。たとえば、試合の観戦チケットもサンクコストの一例といえます。

　私たちが意思決定をする際は、サンクコストを考慮に入れず、今後の利益・損失を考えることが合理的な意思決定といえます。しかし、サンクコストを支払った分をできる限り回収しようと、非合理的な意思決定をしてしまうことがあります。

　たとえば、先ほどの観戦チケットの試合当日に体調を崩してしまったとします。本来は、体調を崩しているのに試合を観戦しに行くのは、体調管理の面では合理的な判断ではありません。しかし、せっかくチケッ

トを取ったんだからいかなくてはもったいないと感じ、試合観戦に行く（その結果、体調をさらに悪化させる）人もいるでしょう。

サンクコストをもったいないと感じ、さらに裏目に出るような意思決定をしてしまうことは、サンクコスト効果と呼ばれています。

サンクコスト効果

○サンクコスト（埋没費用）
　→取り戻すことのできない費用
○サンクコスト効果
　→サンクコストを取り戻そうとする心理
　　例：コンコルド（P183参照）、ライブのチケット

ドラフトとサンクコスト効果

野球のドラフトもサンクコストと考えられます。球団はその選手を指名するためにスカウティング（時間的投資）を行ない、指名後は契約金を支払います（金銭的投資）。この時間的投資や金銭的投資はドラフト順位が高まるほど、大きくなると考えられます。

つまり、ドラフト上位であるほどサンクコストが高くなるので、それを回収しようと、選手は出番をもらいやすくなると考えられます。

サンクコストの効果が大きい場合、選手の実力がまったく同じでも、ドラフト順位が高い選手のほうが起用されやすいかもしれません。もしそうなのであれば、高い順位でのプロ入りを希望する"順位縛り"は経済合理的な戦略だともいえます。

ドラフト順位によるサンクコストはどの程度あるのでしょうか。ここでは、アメリカンフットボールリーグ（NFL）のドラフト順位とその後の活躍について検討したキーファーの研究[ii]を紹介します。

アメリカンフットボールのサンクコスト

　ここまで野球の話をしてきたにもかかわらず、アメフトを扱うのには
理由があります。というのも、NFLには厳しいサラリーキャップ（チ
ームの年俸総額）が決まっています。そのため、どの球団も払えるコス
トの上限が決まっています。球団の資金力に影響されず、サンクコスト
を検討できる点でNFLは優れた題材といえます。

　また、NFLのドラフトシステムは日本プロ野球と似ています。その
点で、野球ファンの方も理解しやすいと思います。ただし、プロ野球の
ドラフトと違って、1巡目の同時指名は行なわず、シーズンが最下位の
チームから順番に指名していきます。キーファーはまず、NFLのドラ
フトにどのようなサンクコストがみられるかを可視化しました。

　下のグラフは、横軸がドラフトの指名順で、縦軸が給与（サラリーキ
ャップに占める割合）を示しています。NFLは32チームあるので、指
名順の32番目までがドラフト1位、33番目からがドラフト2位です。

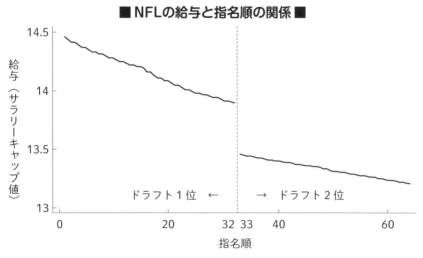

出典：Keefer（2017）より引用し、筆者が日本語化および一部改変。

注目してほしいのは、指名順の32番目と33番目の間で給与がガクッと減っているところです。

　その年の32番目の選手と33番目の選手という点では、差は小さいと思われます。キーファーたちは追加分析をしてこの32番目と33番目の選手に実力差がほとんどないことを確かめました。

　しかし、実際にはドラフト1位とドラフト2位という違いによって給与が大きく変わってくるのです。

　このことから、ドラフト順位というのは給与を決めるうえでの大きな基準＝サンクコストであると判断できます。

1巡違うとスタメンが2.7試合違う

　キーファーはさらに分析を進め、給与によってチャンス（スタメン出場）の試合数がどれくらい異なるかを検討しました。

　分析の結果、選手のポジション・実力・プロ年数などの条件が同条件だった場合、給与（サラリーキャップ基準）が10％増えると、スタメンが年間2.7試合増えることがわかりました。

　NFLのレギュラーシーズンは年間16試合ですので、2.7試合というのは大きな違いです。日本プロ野球の143試合に換算すると、24試合もスタメン数が変わってきます。

　また、先ほどのグラフで紹介した、ドラフト1位の最終指名の選手は本来の実力に比べて30％ほど高い給与を受け取っており、そのおかげでスタメンの試合数を大幅に増やしていることが明らかになりました。

　このように、NFLの球団はドラフト順位をサンクコストと感じており、多く賃金を払っている選手に実力以上のチャンスを与え、サンクコストを回収しようと試みていることがわかりました。

○アメフト：サラリーキャップがある

○１巡目最後と２巡目最初の価値

　・給与：非連続である（崖がみられる）

　・実力：あまり変わらない

○サラリーキャップ価値が10％上がると……

　スタメンが2.7試合（16試合中）増える

NFLのアーリーエントリー

　この研究結果から、ドラフト順位はサンクコストであり、その後の出場機会に大きく影響することがわかりました。プロに入れば横一線というわけではなく、ドラフト順位が高いほどチャンスをもらえるという主張のほうが妥当だといえそうです。

　NFLには大学３年生でドラフト候補になるアーリーエントリー制度があります。ドラフト上位が確定している選手を除きこのアーリーエントリー制度を使いたがらないようです。１年早くプロ選手になれると思うと魅力的な制度にも感じますが、それよりは大学で４年間プレーしてドラフト順位を高めるほうが、その後のキャリアにもよい影響があると考えているからかもしれません。

　もちろん、この研究はアメリカのアメフトリーグの話であり、日本のプロ野球リーグでも同様であるかについては、さらなる検討をする必要があります。ただし、サンクコスト効果は多くの人にみられる認知バイアスですので、おおまかには同じ結果になると想定されます。

　ときに「勇気が足りない」「消極的」ともいわれる順位縛りですが、サンクコストの面から考えると有効な戦略といえることがわかりました。

海外リーグへの安売り移籍はサンクコスト的によくない

　ここまではドラフトの話をしてきましたが、サンクコスト（＝給与）が多いほどチャンスをもらえるというのは、他のスポーツでも共通していると考えられます。そうなると、格安の条件でも海外リーグに挑戦するというのは、サンクコスト的によくないのかもしれません。

　たとえば、プロ野球選手が夢のメジャーにマイナー契約で挑戦することや、Ｊリーガーが憧れの海外リーグに移籍金なしで挑戦する場合です。こういった場合、移籍先のチームはサンクコストを回収するモチベーションが低いので、もらえるチャンスが少なくなるかもしれません。

　もちろん、給与が低い状態やチャンスがほとんどない状態からでも這い上がるマインドこそが大事という主張も理解できます。

　しかし、選手寿命が限られているからこそ、チャンスをもらえる場所にいることは重要というのも、また事実ではないでしょうか。

　サンクコストの視点からは、海外リーグに行きたいからといって、自身を安売りすることは控えたほうがよいといえるでしょう。海外から高値でオファーがくるよう、国内で絶対的な選手になることも大切といえます。

　この節ではドラフトに着目してきました。次の節は同じストーブリーグの重大イベントである"銭闘"についてサンクコストの面から検討していきます。

あなたもこんな工夫で注目度が上がるかも？

最強のサンクコストとしての結婚式

本節では、ドラフト順位というサンクコストに影響され、順位の高い選手が出番をもらいやすい可能性を紹介しました。私たちの生活でもサンクコストを有効活用している例がたくさんあります。その最たる例が結婚式でしょう。

結婚式をするにあたって、カップルはかなりの労力を割きます。挙式を開催する金銭的費用もそうですが、友人を招待したり、写真や引き出物を用意したりという負担も大変でしょう。これだけ大変な思いをして実施するのですから、結婚式は成功させたくなりますし、その後の夫婦生活もうまく進めたいというモチベーションが高まることが想定されます。必死にスカウトしたドラフト1位の選手を大切にするように、必死に準備した結婚式はよい夫婦仲につながりやすいといえるでしょう。

近年は費用の大きさや価値観の変化によって結婚式を行なわない（結婚式の時期をずらす）カップルも増えていると聞きますが、あくまで行動経済学の視点からみると、結婚初期に挙式を挙げることには、価値があるといえます。ドラフト1位の効果が引退まで続くように、結婚式の実施の効果が長期間続くのなら、準備の負担なんて安いものかもしれません。

実際、ブライダル業界のアンケート調査によると、結婚式を挙げるカップルほど離婚率が低いという結果が出ているようです（もちろん、これについては擬似相関や逆向きの因果関係の可能性も考えられます）。

結婚式に憧れがない人にとって、結婚式の準備は一見無駄なコストのようにも感じられると思います。

しかし、コストを払うことで認知バイアスを味方につける行事だと思うと、価値を実感できる人もいるのではないでしょうか。

誠意は言葉より金額？
サンクコストからみる銭闘のメリット

 年俸調停をすると出場機会は増える？　減る？

　メジャーや日本プロ野球では、年俸に納得がいかない場合、年俸調停を第三者機関に依頼することができます。年俸調停に成功したとき、来年の出番が増える場合と減る場合、どちらが多いでしょう？

①出場機会が増える
②出場機会が減る

年俸調停に成功すると、出場機会が増える
サンクコスト

　答えは①です。

　年俸調停に成功した場合年俸が高くなるので、球団側はサンクコスト効果を感じやすくなります。そのため、年俸調停に成功した選手は翌年の出場機会が増えると考えられています。

　本節では、行動経済学の先行研究と日本での実例で、年俸交渉で強気にでることのメリット・デメリットについて考えます。

------------------------------POINT------------------------------

- 選手と球団で年俸に合意が取れない場合、年俸調停が行なわれることがある。
- メジャーを対象にした分析では、年俸調停に成功した選手は、翌年の出場機会が10試合ほど増えることが知られている。これは、球団がサンクコストを取り返そうとするためだと考えられる。これは銭闘を支持する結果である。
- ただし、日本で年俸調停をした選手は、クビになりやすい傾向があり、銭闘について日米に違いがみられる可能性がある。

誠意は言葉ではなく金額？　銭闘で繰り出される名言たち

　突然ですが“銭闘”という言葉をご存知でしょうか。

　野球のオフシーズンの契約更改（来シーズンの年俸等を決定する機会）で、選手と球団の間で年俸を巡って行なわれる闘いのことです。

　主に、年俸や処遇について納得がいかない選手が、球団に対して挑むことが多くなっています。選手は少しでも高い年俸を、球団は少しでも出費を抑えるため、毎年あの手この手を使って契約更改が行なわれます。その過程で飛び出す名言や珍言は、プロ野球ファンのオフシーズンの楽しみの1つでしょう。

　特に著名な名言として「誠意は言葉ではなく、金額」というものがあります。これは、当時中日ドラゴンズに所属していた福留孝介の言葉です。福留は積極的に寄付活動をしていることもあり、話題になりました。この言葉で福留は年俸アップを勝ち取りました。

　ユーモアのある名言としては杉内俊哉（当時・福岡ソフトバンクホークス）の「新規加入には優しく、既存の人はそのまま」も有名です。親会社がソフトバンクに変わったこともあり、携帯会社を皮肉りつつ徹底

抗戦をしました。結局、杉内の要望は通らず、翌年に移籍することになりました。

　このように、プロ野球ファンにとってはどこかコミカルにも映る銭闘ですが、選手も球団も必死です。選手は個人事業主なので、環境の改善や不当な買いたたきを糾弾（きゅうだん）する必要があります。球団も活躍に応じた額をしっかり払わないと他の選手やファンからの不信を買う可能性があります。

　本節は、この銭闘をするメリットについてサンクコストの視点から紹介します。

年俸調停システムとサンクコストの関連性

　銭闘と出場機会の変化について研究したのは、前節と同じキーファーです。

　キーファーは銭闘のなかでも、最終決戦である参稼報酬調停（年俸調停）をした選手について分析しました[iii]。

　年俸調停とは、選手と球団間でどうしても契約を締結できなかった場合に、所属連盟が仲裁をするシステムです。

　日本では年俸調停はめったに行なわれず、これまでに7件しか行なわれたことがありません。一方、メジャーでは珍しくなく、多い年には150人以上が年俸調停にまでもつれ込みます。

　MLBの年俸調停システムは行動経済学的に興味深いつくりとなっています。というのも、年俸調停の採決は選手側または球団側のどちらか一方の主張を完全採用する形になっており、折衷案が採用されることはないからです。

　選手の希望額は球団の希望額より高額になっています。つまり、球団の希望額を払う場合と、球団の希望額以上を払う場合に、球団の意思決定（たとえば、選手の起用方法）がどう変化するかを比較することができるのです。

選手に払う給与はサンクコストと考えられます。球団の希望額以上を払う場合、サンクコストが大きくなるので、それを回収するために選手の起用機会が多くなるというサンクコスト効果がみられることが期待されます。

年俸調停に成功すると出場試合数が10試合増える

キーファーは、年俸調停までもつれ込んだ選手を対象に分析しました。結果、選手の希望が通った場合は、通らなかった場合に比べて、翌年の給与が40％高くなり、出場試合数が10試合ほど増えることがわかりました。投手が年俸調停に成功した場合は、年40イニングほど登板機会が増えると算出されました。

選手側の希望が通った場合は球団が払うサンクコスト（＝年俸）が増えるので、選手を起用しないともったいないと考えるようです。

年俸調停でどちらの主張が採用されようと、選手の実力は変わらないので、本来であれば出場試合数は変わらないはずです。しかし、サンクコスト効果とみられる認知バイアスが働くことによって、球団側は合理的に振る舞うことができないことがわかったのです。

キーファーの研究

○メジャー：年俸調停
　選手・球団どちらかの案が採用される
○選手の案が採用された場合
　給与：40％増
　出場試合：約10試合増
　投手なら：約40イニング増

日本の場合、年俸調停すると放出が早まる？

キーファーの研究を参考にする限り、銭闘を行なわない球団側のサンクコストを大きくすることで、選手の出場試合数（つまりチャンス）が増えると考えられます。何億、何千万円ともらっている野球選手が100万円単位で揉めている様子はときに滑稽にも映りますが、しっかりお金をもらうことはチャンスを確保するためにも重要だとわかりました。

ただし、この研究では年俸調停の翌年の変化しか調べていないため、銭闘のメリットを強調しすぎるのは少々危険です。

たとえば、翌年は出場機会が増えても、それ以降は年俸が上がりづらくなるなんてこともあるかもしれません。

特に、日本のプロ野球では、年俸調停までもつれ込むとチームから放出されるリスクが極めて高くなるとも考えられます。下の表は、年俸調停までもつれ込んだ日本プロ野球の選手です。

■年俸調停までもつれた日本プロ野球の選手■

年	選手	球団	年俸			その後
			選手希望額	球団提示額	調停額	
1972年	レオン・マックファーデン	阪神	900万円	600万円	600万円	任意引退
1990年	落合博満	中日	2億7000万円	2億2000万円	2億2000万円	契約→2年後にFA移籍
1992年	高木豊	横浜	1億263万円	9330万円	9840万円	契約→翌年に戦力外通告
1995年	野村貴仁	オリックス	6500万円	3900万円	3900万円	契約→2年後にトレード
1997年	アルフォンソ・ソリアーノ	広島	2145万円	585万円	585万円	任意引退
2000年	下柳剛	日本ハム	1億5000万円	1億3750万円	1億4000万円	契約→2年後にトレード
2010年	涌井秀章	西武	2億7000万円	2億2000万円	2億5300万円	契約→3年後にFA移籍

調停を行ない、選手の希望額に近づいた高木豊、下柳剛、涌井秀章は翌年も出場機会を得ており、たしかにキーファーの研究をサポートする結果になりました。

　しかし、年俸調停を行なった選手は全員、3年以内にチームを離れています。特に高木豊は、調停で500万の上積みを勝ち取った翌年に戦力外通告をうけ、14年も所属した横浜を離れざるを得なくなりました。

　年俸調停をするというのは、球団との交渉に合意しないだけでなく、その戦いを第三者機関まで持ち込むことを意味します。

　年俸調停は、「金にがめつい」と選手の印象を悪くするだけでなく、「○○球団はケチくさい」と球団のイメージも悪化させるおそれがあるのです。プロ野球の球団は親会社の広告塔も兼ねているので、そのようなイメージ悪化は避けたいですし、球団に噛みつくような選手は早めに放出したいと思うのかもしれません。

　年俸調停した選手の翌年の出場試合数だけでなく、それ以降の契約がどう変化したかを調べることが今後の検討課題の1つといえるでしょう。また、年俸調停をすると放出されやすくなるか、日本のプロ野球とアメリカのメジャーリーグで比較することで、日米の雇用文化について理解を深めることにつながると期待されます。

　ドラフト順位や年俸調停といったサンクコストによって、選手の出場機会が増える可能性について紹介してきました。次の節では、サッカーのレアル・マドリーの低迷を題材としながら、サンクコストとチーム編成について考察していきます。

あなたもこんな工夫で注目度が上がるかも？

"収入とやりがい"をサンクコストの視点で考える

就職や転職の重大トピックである"収入とやりがい"について、サンクコストの視点から再考してみます。

野球の年俸調停に成功すると、翌年のチャンスが増えることがわかりました。つまり、選手の年俸（＝サンクコスト）を取り返すために、活躍を期待するという構造になっています。選手の年俸は能力を評価しているだけでなく、期待度のあらわれともいえるでしょう。

就職・転職では「収入とやりがいどちらが大事か？」などと、収入とやりがいがトレードオフ（両立できない関係）のように描かれる場合があります。しかし、少々残酷な指摘になりますが、あくまでサンクコストの面から考えると、収入とやりがいのトレードオフは成立しづらいようにも思えます。

プロスポーツ選手と同様に、労働者の収入というのは経営者からの期待度とも考えることができます。経営者は支払った分を取り返そうとするので、たとえば仕事に失敗したとき、収入の高い人のほうが再びチャンスをもらいやすいと推測できます（ドラフト順位で出場試合数が変わることを思い出してください）。

期待をされ多くのチャンスをもらえる、というのはやりがいの1つだと思いますが、その点では収入が高い人ほど有利といえそうです（もちろんやりがいには他の要素もありますので、注意してください）。

収入というと、経歴やスキルの高さを評価する値のように思えますが、経営者のサンクコストの大きさだと捉えることもできます。

また、収入＝サンクコストと考えることは、自営業やフリーランスの方にとっても大切な視点だといえるでしょう。業種によっては、仕事をもらうために自身のスキルや商品をついつい安売りすることもあるはずです。ただし、このような安売りは相手からの期待度を下げる可能性があるので、慎重になる必要があるといえます。

第5章 サンクコスト

スーパースターはチームに６割まで！

 銀河系軍団の栄枯盛衰

　サッカーのレアル・マドリーは2003年にベッカムを獲得し、ピッチ上にスーパースターを揃えました。では、ベッカム獲得後の３年間でいくつのタイトルを獲得したでしょうか？

①９個　🏆🏆🏆🏆🏆🏆🏆🏆🏆
(内：リーグ１、カップ１、CL3)

①６個　🏆🏆🏆🏆🏆🏆
(内：リーグ１、カップ１、CL3)

①０個

> つい

スターが多いと、選手の起用方法が歪んでしまう
サンクコスト

　答えは③です。地球上のスーパースターを集め、銀河系軍団と呼ばれたレアル・マドリー。しかし、スターを集めれば集めるほどチームは低迷していきました。なんと先行研究では、サッカーやバスケではチームにスターがいすぎるとかえって勝てなくなることが知られています。

　本節では、スターがいすぎる悪影響について、サンクコストの視点から考察していきます。

- サッカーやバスケといったコンビネーションが大切な競技では、スターがいすぎるとかえって勝てないことが知られている。スターは6割程度が適切と考えられている。
- サンクコスト効果によって、スターを使わないともったいないという気持ちに駆られ、選手起用や補強に歪みが出る可能性が考えられる。
- チームのメンバーを選ぶ際には、実力順というよりは、認知バイアスによる歪みが生まれないようにすることが大切ともいえる。

銀河系軍団の低迷

　サッカーのレアル・マドリーは2000年から2006年にかけて、圧倒的な資金力を背景に地球上のスター選手を次々と獲得しました。2000年にはライバルのバルセロナからルイス・フィーゴ、2001年にはユヴェントスからジネディーヌ・ジダンを、2002年にはインテルからロナウドを獲得するなど、スーパースターが集合する様は銀河系軍団と呼ばれました。

　さらに、2003年には守備的なプレーが目立つクロード・マケレレを放出。代わりにマンチェスター・ユナイテッドからデビッド・ベッカムを獲得し、ついにピッチ上には11人のスーパースターが揃い踏みしました。

　まさにネームバリューにおいては地球上で敵なしになったレアル・マドリー。ファンは黄金期の到来を期待しました。

　しかし、そんなファンの期待とは裏腹にレアル・マドリーは低迷。2000年から2002年までの3年間では6つのタイトルを取れたのに対して、ベッカムが加入した2003年以降の3年間ではタイトルを1つも取れませんでした。

銀河系軍団の低迷は、スターを集めすぎたことによってチームの攻守のバランスが崩れたことに原因があるといわれています。「過ぎたるは猶及ばざるが如し」ということわざもありますが、スターを集めすぎるのもよくないといえそうです。

　実は、行動経済学の先行研究では、スターが増えすぎるとかえってチームが勝てなくなることを示すものが存在します。では、どうしてスターが増えすぎるといけないのでしょうか、サンクコストの視点から考えていきます。

タレント率とチーム成績の関連性

　まずは、スターが増えすぎるとかえってチームの成績が落ちる「タレント過剰効果」を示したスワーブらの研究[iv]を紹介します。

　スワーブは、野球、サッカー、バスケについて、チーム内のタレント（スター選手）の割合とチーム成績の関係性について調査しました。

　次ページのグラフの横軸はタレント割合、縦軸はチーム成績になっています。タレントの割合については、所属チーム・給与・成績などを参考にして、各選手をスターかどうか割り振っています。

　分析の結果、野球のみ異なる傾向になりました。

　野球のグラフをみると、タレント率とチーム成績が正比例になっています。タレントが増えれば増えるほどチーム成績もよくなると示されました。

　一方、サッカーやバスケでは逆U字型のグラフになりました。つまり、ある程度まではタレントが増えると成績が高まりますが、タレントが増えすぎるとチーム成績が低くなってしまうことがわかりました。先述のレアル・マドリーのように、タレントがいすぎると停滞につながる可能性が示されました。

　この原因について、スワーブたちは追加分析を行ないました。その結果、サッカーやバスケではタレントが過剰になると選手間のコンビネー

ション（連携）が弱くなり、その結果チーム成績が悪くなるということがわかりました。一方、野球ではサッカーやバスケほどコンビネーションが求められないので、タレントの割合とチームの成績が比例関係になると考察されています。

■ チームのタレント率とチーム成績 ■

- **野球**
  タレントがいるほど
  チーム成績が上がる

- **サッカー・バスケ**
  タレントが過剰だと
  チーム成績が下がる

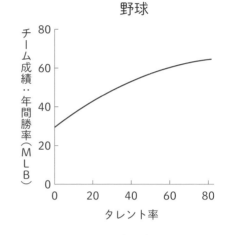

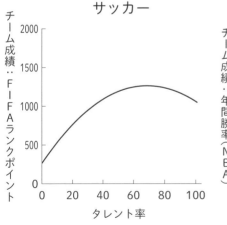

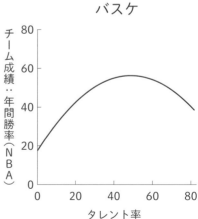

※出典：Swaab, et al.（2014）より引用し、筆者が日本語化および一部改変。

サンクコストでコンビネーションが落ちる

タレントが多すぎるとどうしてコンビネーションが落ちるのか、サンクコストの視点から考察します。

サンクコストはすでに払って回収できない費用であり、それを取り戻したいと思う認知バイアス（サンクコスト効果）が知られています。サッカーやバスケでいえば、選手に払っている年俸や選手を獲得するために用いた移籍金・トレード選手のことを指します。

たとえば、レアル・マドリーはベッカムを獲得するためにマンチェスター・ユナイテッドに3,850万ユーロ（当時のレートで48億円）を支払いました。さらに、ベッカムの年俸は7億円程度でした。これだけ大枚をはたいたのだから、活躍してもらわないと困ります。

このサンクコストはベッカムの起用法に大きく影響します。

ベッカムは右サイドハーフ（攻撃的なミッドフィルダー）を主戦場としていた選手でしたが、同ポジションにはルイス・フィーゴという不動のレギュラーがいました。そこでレアルの経営陣はベッカムをボランチ（守備的なミッドフィルダー）にコンバートしたのです。

せっかく獲得するなら起用しないともったいないというサンクコスト効果がみてとれます。

ベッカムは不慣れなポジションに苦戦。攻撃ではセンスを発揮しましたが、崩壊していくレアル・マドリーの守備網を支えることはできませんでした。

なお、本職のボランチであったクロード・マケレレは、自身の守備力が評価されないことに愛想を尽かし、レアル・マドリーから移籍してしまいました。サンクコスト効果にだまされることなくマケレレを評価できていれば銀河系軍団は大成功できていたかもしれません。

このベッカムの例のように、獲得した選手を使わなければならない（サンクコスト効果）と監督や経営陣が思うことで、メンバー選考が歪み選

手のコンビネーションが落ちる可能性が考えられます。

サンクコストを克服して優勝したヴィッセル神戸

同じく、サンクコスト効果によってチーム成績が伸び悩んだ例として、近年のヴィッセル神戸が挙げられます。

2022年までのヴィッセル神戸はイニエスタ（元・スペイン代表）をはじめ、大迫勇也、武藤嘉紀、山口蛍、酒井高徳（いずれも、元・日本代表）等の有名選手を抱えるタレント軍団でした。選手・スタッフの総年俸は60億円近くで、J1ではぶっちぎりのトップでした。

なかでもイニエスタはバルセロナで大活躍した世界が誇るスーパースター。彼を中心にショートパスを主体としたサッカーで戦っていました。しかし、最高順位は2021年の3位。2020年、2022年は10位以下となり、総年俸のわりには成績が振るいませんでした。

そんなヴィッセルに転機が訪れたのは2023年。

イニエスタが怪我で長期離脱をしてしまいました。その間にチームはショートパスを主体としたサッカーから路線変更。この路線変更がうまくいき、夏にはイニエスタを放出して、パスサッカーとの決別を宣言します。最終的にチームはJ1初優勝を果たすことができました。

イニエスタは間違いなくチームで一番サッカーの技術が高い選手でしたが、他の選手と相性がよかったかといわれると、そうではありませんでした。

ただ、チームで一番技術が高く、一番給与を払っている以上、使わないわけにもいきませんでした。長期離脱するまで起用を続けたのは、サンクコスト効果の一例といえるでしょう。

また、2023年の夏に放出しなければ、相性がよくないことがわかっていても、きっとどこかでイニエスタを起用してしまっていたと思われます。イニエスタを放出して退路を断つのは、サンクコスト効果を避けるうえでよい意思決定だったと考えられます。

イニエスタを放出して成功したヴィッセル神戸のように、チーム内の
タレントの割合を適切に保つことは、強いチームを作るうえで大切だと
考えられます。

タレント過剰効果

○サッカー・バスケ：コンビネーションが重要
　→タレントが過剰だと機能しない
○サンクコストからの説明
　監督・オーナーがスターを使ってしまう
　　例：ベッカムのコンバート
　　　　イニエスタ中心だった神戸

タレントの割合とナショナルチーム選考

　このタレントの割合を明確に意識していたのが、名将として知られる
ファン・ハール監督です。
　ファン・ハールは2012年、2度目のサッカー・オランダ代表監督に
着任します。当時のオランダ代表は、多くのタレントを抱えているのに
もかかわらず、欧州選手権で予選敗退をするなど低迷していました。
　そこでファン・ハールは、一部の超一流選手を除きメンバーを変更。
オランダリーグの若手選手を多く起用し、従来のタレントと若手の融合
を図りました。
　結果は大成功。2014年のブラジルワールドカップでは死の組を通過し、
3位になることができました。
　このファン・ハールの例からも、スター選手ばかりを集めるのではな
く、適切なスターの割合が重要であることがうかがえます。スターの割
合をほどほどにすることで、サンクコスト効果に影響されずに、コンビ

ネーションを生み出す采配ができると考えられます。

　タレント過剰効果やサンクコスト効果を考慮すると、ナショナルチームのメンバーを選考する際は、必ずしも選手の実力順に選ぶ必要はないという可能性を提唱できます。

　サッカー・日本代表が発表されると「○○選手は実力があるのになぜ選ばれないんだ？」という批判が生じます。

　多くのファンやサポーターは実力順に選べば最強のチームになると考えがちですが、実際はそうでないかもしれません。監督やスタッフも「○○選手を選んだなら使わなければ」と考えて、選手起用や戦術に悪影響を及ぼす可能性もあるのです。

WBC代表に選ばれた当時無名の外野手亀井

　実力順に選ばずに成功した例として、スポーツは変わりますが、2009年の野球WBCを挙げないわけにはいきません。

　2009年のWBCには、イチローや松坂大輔をはじめとしてそうそうたるメンバーが選ばれましたが、その中に1人、無名の選手がいました。当時プロ5年目だった亀井義行（当時・読売ジャイアンツ）です。

　亀井はこの当時、レギュラーを確保していたわけではなく、通算96試合5本塁打と、控え選手としての実績しかありませんでした。当時の亀井より実績のあるプロ選手は大勢いました。

　そんな亀井が抜てきされた理由は、イチローに何かがあった場合の控えを探していたからです。イチローはチームの中心で、どんな不調でも交代する予定はありませんでした。つまり、出番がない前提で呼ぶ選手が必要でした（実際、亀井の出番は2打席でした）。だからこそ、原監督の教え子であり、ベンチでチームを盛り上げ、緊急時には代打や代走ができる亀井が適任だったのです。

　もし、亀井でなく他の有力選手を選んでいたら優勝できなかったかもしれません。というのも、この大会では決勝までイチローが絶不調。有

力選手を選んでいたらサンクコスト効果に影響され、イチローをスタメンから外したくなる誘惑に駆られたことでしょう。イチローをスタメンから外してしまったら、決勝の劇的勝ち越しタイムリーも生まれなかったといえます。

2009年WBC日本代表は、無名の選手を選出することでサンクコスト効果が生まれることを防ぎ、チームを上手にマネジメントした例といえるでしょう。

実力順に選手を選ぶことが必ずしも正解でないことがわかっていただけたかと思います。監督やスタッフが認知バイアスに影響されず、上手にチームをマネジメントすることが重要と考えられます。

┃ "多様性"を重視したチームビルディング

ここまでは、サッカーと野球のチームのメンバー選考についてサンクコストの面から考えてきました。必ずしもスターばかりを選ぶ必要のないことや、実力順に選ぶことが大切ではないことがわかりました。

これらは、一般的なチームビルディングでも活かすことができると考えます。

起業してメンバーを募るとき、社内で新しいプロジェクトを作るとき、就活で学生を採用するとき、私たちは「とにかく優秀な人を集めればうまくいく」と思いがちです。

しかし、そういったスターばかりでチームを作っても、コンビネーションの点でうまくいかない場合や、サンクコストの面でマネジメントがうまくできない場合があることを、この節のスポーツ事例の知見から主張できます。

レアル・マドリーのマケレレや、2009年WBCの亀井のように、実績や給与という尺度では測りづらくても、チームに貢献している例は多くみられます。

近年は多様性が求められる時代になっていますが、スターをとにかく

集めるのではなく、多様な人材を集めることが大切という教訓ともいえるでしょう。

メンバー選び

○必ずしも実力順に選ぶ必要はない
　→マネジメントできることが大切
　成功例：2014年のサッカー・オランダ代表
　　　　　2009年のWBC日本代表
○スターだけが大切でない
　→ある種の"多様性"を支持

あなたもこんな工夫で注目度が上がるかも？

「付録つきの月刊誌」は途中でやめられない

サンクコストはスマホゲーム、ギャンブル、恋愛、ビジネスといった日常のあらゆる場面でみられます。

サンクコストを上手（ポジティブ）に使っている例としては、「付録つきの月刊誌」が挙げられるでしょう。

付録のパーツを毎号集めて、プラモデルなどのコレクションを完成させるタイプの雑誌です。

分割して売られているため、途中で購入をやめてしまうとそれまでの雑誌が無駄になってしまいます。サンクコスト（これまでの費用）を回収するためにも、最後まで買いたいという意欲がかき立てられます。

また、別のサンクコストの例としては、クレジットカードやポイントカードなどの会員ランク制度が挙げられます。これらの会員ランクは、使えば使うほど少しずつ上がっていきます。

しかし、一度ランクが上がっても利用金額や利用頻度が減るとランクが下がるように設計されています。こうすることで、ユーザーには「あと少し使って会員ランクをキープしよう」という心理が働きます。

他にも結婚式のように、サンクコストを上手に使うことで、ビジネスやメンタルに有効活用できる例があります。

サンクコストといわれると悪いイメージを持つ方も多いと思いますが、容量用法を守ることが大切といえそうです。

5章まとめ：サンクコスト

◎サンクコストとサンクコスト効果

　サンクコストとは、製品開発や新サービスなどの事業に投じた資金・労力などの資本のうち、その事業を中止・廃止しても回収が見込めない費用のことです。英語では「sunk cost」と書きます。sunkは「sink（沈む）」の過去分詞形であることから「埋没費用」と呼ばれることもあります。また、この回収できない費用を惜しんで、事業をやめられないことを「サンクコスト効果」といいます。

　ドラフト会議の場合、選手を獲得するために投じたスカウティング費用や契約金などがサンクコストです。ドラフト上位の選手のほうが、サンクコストが大きいため、それを回収したい気持ちが強くなり、試合に出場させ続けることが「サンクコスト効果」になります。

◎サンクコストが生んだ惨劇「コンコルド効果」

　サンクコスト効果の例として一番有名なのは、超音速旅客機コンコルドの失敗でしょう。コンコルドは、1970年頃にフランスとイギリスが共同開発した旅客機です。コンコルドの開発は予想の6倍を上回る多額の費用がかかり、実際には様々な問題で採算が取れないことが判明していました。しかし、それまでの費用を惜しみ、開発は中止されず、ついに運航をスタート。最終的には巨額の損失を出し、開発会社は倒産してしまいました。

　早期に計画を中止すれば、ここまで被害額がかさむことはなかったかもしれません。しかし、せっかく計画・開発したから回収したいと判断した結果、かえって被害額が大きくなってしまいました。こうした背景から、サンクコスト効果はコンコルド効果と呼ばれることもあります。

参考文献

i 松井晋太郎. (2019).「星野監督についたうそ」『NHK生活情報ブログ』
   https://www.nhk.or.jp/seikatsu-blog/800/399932.html

ii Keefer, Q. A. W. (2016). The sunk-cost fallacy in the National Football League:
   Salary cap value and playing time. *Journal of Sports Economics, 18* (3), 282–
   297.

iii Keefer, Q. A. W. (2019). Decision-maker beliefs and the sunk-cost fallacy: Major
   League Baseball's final-offer salary arbitration and utilization. *Journal of
   Economic Psychology, 75*, 102080.

iv Swaab, R. I., Schaerer, M., Anicich, E. M., Ronay, R., & Galinsky, A. D. (2014).
   The too-much-talent effect: Team interdependence determines when more
   talent is too much or not enough. *Psychological Science, 25* (8), 1581–1591.

第6章
スポーツ版ナッジ

ちょっとした仕掛けづくりで
スキル向上を促す

　行動経済学、認知科学、バイオメカニクスの知見を融合して、スポーツ技能の「上達」にスポットライトをあて「アフォーダンス」「ナッジ」「制約」の3つをキーワードに紹介していきます。

　なお、本章では実際のスポーツ動作を扱ったので、従来の行動経済学の枠組みを少し飛び越えて、バイオメカニクスや認知心理学での研究を扱うことがあります。よくある行動経済学の本には載っていない話題もありますが、よりスポーツの実践に役立つような知見を伝えるべく、このような構成で解説をしています。

制約を用いた練習法で
テニスのバックハンドががうまくなる

 どうしたらバックハンドがうまくなる？

あなたは小学生向けテニススクールの先生だとします。スクールにはバックハンド（ラケットを持つ手と逆の側のボールを打つこと、右利きなら左側のボールを打つこと）が苦手な子どもがたくさんいます。彼らに指導する場合、次の①～④のどの方法がよいと思いますか？

①実技指導する
②たくさん打たせる
③データを見せる
④コートを改造する

つい

コート（環境）を操作すると、バックハンドを誘導できる

スポーツ版ナッジ、アフォーダンス

実は④の方法が有効であることが知られています。バックハンドがうまくなるように、コートを改造する方法があるのです。それはどのような方法なのでしょうか。アフォーダンスやナッジについて紹介し、環境に制約を設けることでスポーツの上達に近づくことを説明します。

●環境から意思決定や動作が誘導されることがある（例：ドアを押すか・引くか）。本書では、環境の制約から動作を誘導することを、"スポーツ版ナッジ"と呼ぶ。

●テニスでは、センターラインをずらすことで、フォアハンドとバックハンドが上達することが知られている。これはテニスコートという環境制約を操作している。

●アフォーダンス・ナッジ・制約の３つがキーワードである。

バックハンドを打ちやすくなるコートでテニスが上達する

テニスには、利き手側のボールを打つフォアハンドという打ち方と、利き手側と反対側のボールを打つバックハンドという打ち方があります。

一流プレーヤーはフォアハンドとバックハンドを約１：１の割合で使いますが、習いたての小学生はどうしてもフォアハンドを優先して使いがち（フォアハンドとバックハンドが６：１）で、バックハンドを有効活用できるようになることがテニス上達において重要とされています。

指導者としては、どうしたら子どものバックハンドを上達させることができるか、頭を悩ませることでしょう。一般的な指導法としては、子どもに見本を示したり（冒頭のクイズ①）たくさん反復練習をさせたり（冒頭のクイズ②）、またはデータでバックハンドの大切さを説いたり（冒頭のクイズ③）する手法が挙げられるでしょう。

フィッツパトリックらの研究グループは、そういった従来の指導法に比べ、テニスをする環境に「制約」を設けることでバックハンドの動作を導いてあげるほうが効率的に上達できるのでないかと考えました。

具体的には、次ページの図のように、コートのセンターラインを（右利き選手の場合）少し右側にずらすよう、テニスコートを改造しました[i]。

センターラインが右側にずれることで、利き手と反対側のコート（つまりバックハンドを使う状況）が広くなり、バックハンドで打つという意思決定（ショットセレクト）がされやくなることが想定されます。

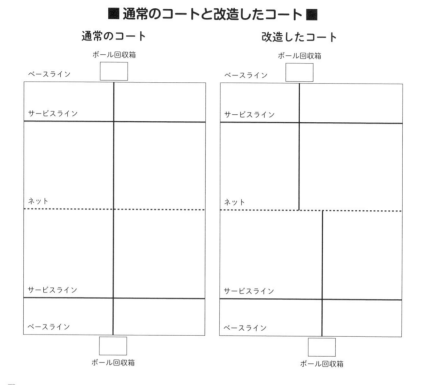

■通常のコートと改造したコート■

通常のコート　　　　　　　　改造したコート

スポーツの上達に役立つ「アフォーダンス」

ここで、スポーツの上達に役立つ行動経済学のキーワードの1つ、アフォーダンスについて紹介します。認知心理学で提唱されるアフォーダンスは、「物の形や材質が、私たちの反応をダイレクトに引き起こしている」という考え方です。アフォーダンスは、「与える・提供する」という意味の「アフォード（afford）」という言葉から名づけられた造語となっています。

アフォーダンスの例として、「ドアノブ」を取り上げます。下の画像をみてください。左のようなドアでは「引いてドアを開ける」、右のようなドアでは「押してドアを開ける」という行為が、自然と連想できたのではないでしょうか？

■ドアノブの違い■

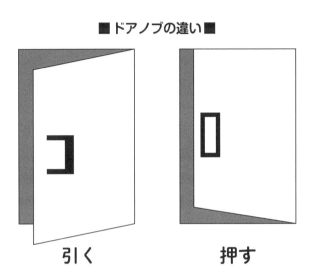

引く　　　　　　　押す

　左のドアは、ドアノブをつかむことができるため、引くという動作が自然に誘導されます。一方、右のドアは、ドアノブをつかむことができません。平らな部分の面積が広いので、その部分を手のひらや体で押すという動作が自然と誘導されます。

　このドアの例のように、日常生活には多くのアフォーダンスが含まれています。たとえば、トイレの入口の色やマークで男子トイレか女子トイレかを判別できるのもアフォーダンスといえます。

　アフォーダンスを活用する、つまり外見や形といった特徴を調整することによって、人の行動を（無意識的に）誘導することができます。

フィッツパトリックらの「テニスコート改造」の研究

　先ほどのフィッツパトリックらの実験では、バックハンドが得意でない7歳程度の子どもが集められ、通常コートで練習するグループと、改造されたコートで練習するグループに分かれて、それぞれ8週間練習しました。そして、8週間後に実技テストを実施し、フォアハンド・バックハンドの割合とスコアを確かめました。

　まず、フォアハンド・バックハンドの割合が次のグラフです。

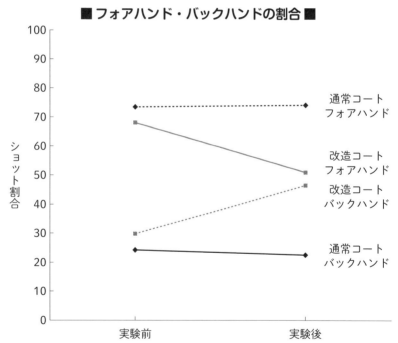

■フォアハンド・バックハンドの割合■

※出典：図はFitzpatrick, Davids & Stone（2018）より引用し、筆者が日本語化および一部改変を行った。

　通常コートのグループは、実験前と実験後でフォアハンドとバックハンドの割合があまり変わっていないのに対して、改造コートのグループ

は、フォアハンドの割合が減り、バックハンドの割合が増えていることがわかります。しかも、フォアハンドとバックハンドの比率がほぼ1：1と、一流プレーヤーと同じ比率になりました。

　次に、フォアハンド・バックハンドのスコア（ショットのうまさ）の結果が次のグラフです。

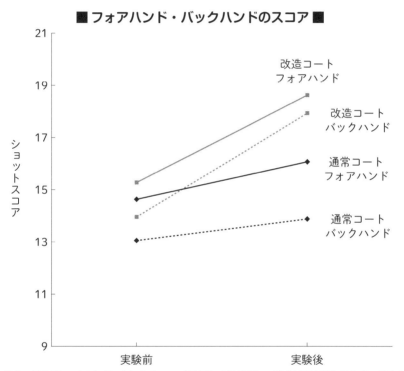

■ フォアハンド・バックハンドのスコア ■

※出典：図はFitzpatrick, Davids & Stone（2018）より引用し、筆者が日本語化および一部改変を行った。

　8週間かけて練習したため、どちらのグループもショットがうまくなっており、改造コートのほうが通常コートのグループに比べて伸び率が高くなっています。

　さらに、注目してもらいたいのは、改造コートのフォアハンドのスコアです。改造コートはバックハンドが上達するようコートを改造したに

もかかわらず、フォアハンドも劇的に上達しているのです。これは、バックハンドを適切に使えるようになることで、無理なフォアハンドが減ったためと考えられます。

これらの結果から、センターラインを右側にずらし、制約を設けたコートで練習することでテニスが全体的に上達したといえます。

コートのセンターラインをずらす練習法は、強制をせずに行動を変化させる点で広い意味でナッジの1種といえるでしょう。

スポーツ版ナッジ

「ナッジ」は行動経済学でよく使われる言葉なので、聞いたことがある方もいるかもしれません。

ナッジ理論は、小さなきっかけで人々の日常の意思決定に影響を与え、望ましい行動を促す戦略です。「ひじでつつく（そっとつつく）」という英語を語源としており、罰則やルールの強制をすることなく、あくまで小さなきっかけを与える手法です。

ナッジの例としては、待ち列にある足跡が挙げられます。テーマパークやスーパーのレジ、トイレの待ち列に足跡のシールが貼られていることがあります。ユーザーが足跡に沿って並ぶことで、きれいな待ち列が形成されます。足跡はユーザーの行動を（強制することなく）誘導するために用いられているといえます。

また、サブスクリプションに登録する際、おすすめのプランにあらかじめチェックマークがついていることがあります。あれも「デフォルト」と呼ばれるナッジの手法です。

先ほどのテニスの例のように、コートのセンターラインをずらす練習法は、強制をせずに行動を変化させる点で、広い意味でナッジの1種といえるでしょうし、"スポーツ版ナッジ"と呼んでもよいでしょう。

「制約」によって、スポーツは上達する!?

　コートの線を引く位置を変えるだけで、特に金銭的・時間的な負担なく、ここまで子どものテニスが上達するのは驚きです。理想の動作を誘導する点で、まさに「習うより慣れろ」が当てはまります。強制をしたり、言葉で説明したりするのではなく、子どもにヒントを与えているのです。より専門的な言葉を使うのであれば、環境に制約を設けることでユーザーの行動変化を促しているといえます。

　環境は、見えるものや感じられるものといった周囲の状態のことを指しています。この環境に制約、つまりルールや条件を設けることで好ましい行動を誘導できる可能性があります。

　この「制約」をスポーツの上達にも利用できるのでないか、という考え方が近年広まっています。スポーツの環境（ルールや道具等）を調整することで、理想的な動作を引き出すことができる可能性が検討されています。制約を用いた練習法は、言葉で指導する練習法よりも効果的だと主張されることもあります。

　コートに工夫をする（環境に制約を設ける）というのは、一見斬新な練習法にみえますが、"制約"を根拠にして練習法を考えることで、この練習法を論理的に導くことができます。

　また、"制約"という考え方は近年出てきたものですが、昔から行なわれている、よく知られる練習法のなかにも制約は見え隠れしています。

　たとえば、野球で投手が普段より大きくて重いボールを投げるトレーニングもその1つです。重いボールを投げることで、理想的な体の回転を身につけ球速アップが期待できます。これは、ボールが体の動きに制約を与え、最適な動作を誘導しているといえます。

　このような制約を用いたトレーニングは、「制約主導アプローチ」と呼ばれ、詳しい内容は次の節で紹介します。制約という考え方は、ヒントを与える指導法である点で、現代に求められる指導法といえるでしょう。

第6章　スポーツ版ナッジ

193

あなたもこんな工夫で上達できるかも？

身体的なコンプレックスと制約

　身長・体重といった身体的な特徴も、スポーツでは制約となり得ます（「個人の構造的制約」と呼ばれます）。

　たとえば、サッカーのリオネル・メッシは身長が低く足が短いことが知られています。足が短いことは一見不利に思えますが、重心が低くなり、鋭いドリブルがしやすくなるともともいわれます。サッカーでは武器になり得るのです。

　また野球でいえば、張本勲も構造的制約を持った選手でした。彼は幼少期に自動車事故に遭い、後遺症で右手の親指と人差し指が伸び切らず小指は薬指と癒着しています。ただし、バッティングでは指を余計に動かさないことが大切という観点もあり、指に不自由があることは日本プロ野球最多安打を積み重ねたバッティングセンスを支えていたという見方をすることもできます。

　他にも、体が硬いというのも構造的制約に該当します。野球の黒田博樹は体が硬いため、自然と動作が安定してしまうそうで、一見短所に思える体の硬さを武器にしていました[ii]。

　このように、一般的にはコンプレックスになり得る特徴がいい制約となり、その選手特有の武器になることがあります。「長所は短所の裏返し」といわれることもありますが、スポーツでは短所にアフォーダンスされるかたちで特長が生まれることがあるのです。

　ちなみに、性格などの特徴も、機能的な個人制約と分類されます。制約によって望ましい行動につながり得るというのが本節の主張です。自身の身体的・精神的な悩みを制約として捉え直すことで、武器に変えていくヒントになるかもしれないと、アフォーダンスやナッジを学びながら考えられるかもしれません。自身のいわゆる短所について、ネガティブなりすぎないためのヒントになれば幸いです。

"月に向かって打て！"
ホームランを打つためのナッジ

 ## ホームランを増やす方法

あなたは高校野球の指導者だとします。部員のホームラン数を増やしたいとき、効果的な指導法は①〜③のうちどれでしょうか？

①柵越えを目標に打つ
②スイングの仕方について実技指導をする
③物理現象（バットの当て方やスイング速度）
　を指導する

> つい

柵の位置を調整すると、ホームランが増える
スポーツ版ナッジ、アフォーダンス

　①〜③のうち、①は適切な動作を直接指導するのではなく誘導する"スポーツ版ナッジ"を用いた練習法となっています。そして、①が一番効果的であることを示す研究も存在します。

　本節はホームランを打つための練習を題材に、スポーツ版ナッジについて理解を深めていきましょう。

-------------------------- **POINT** ---------------------

- 環境の制約を利用するスポーツ版ナッジを用いることで、従来の練習
  法より効率的に上達できる可能性が知られている。
- ホームランを打つための練習では、柵という制約を活用することでホ
  ームランやフライ性の打球が増えることが示された。
- 制約を用いる指導法は制約主導アプローチと呼ばれ、主にサッカーで
  話題である。この指導法は近年の価値観ともあうため、選手・指導者
  ともに求められる資質や練習法が変わってくる。

"月に向かって打て" 大杉勝男のホームラン増産作戦

　ホームランを増やす"スポーツ版ナッジ"を理解しやすくするために、
まずは「月に向かって打て」という名言を取り上げます。

　この名言が生まれたのは、1968年のことでした。東映フライヤーズ
（現・北海道日本ハムファイターズ）の飯島滋弥打撃コーチが選手の大
杉勝男に送った言葉です。

　当時、大杉はプロ3年目。長距離砲として期待されていましたが、ア
ッパースイング（ホームラン狙いの下から上に振るスイング）が原因で
絶不調になってしまいました。自信なさげにバッターボックスに向かう
大杉に、飯島コーチはアドバイスを送ろうとしました。

　そのとき、中秋の名月がレフトスタンドの上、25度くらいの空に浮
かんでいるのが見えました。ちなみにこの25度という角度は、セイバ
ーメトリクスで知られる長打になりやすい打球の軌道、バレルにも近く、
まさに最適な位置に月がありました。

　そこで飯島コーチが送ったのが「月に向かって打て」というアドバイ
スです。

　「月」と聞くと、遠くまで豪快なバッティングを要求しているように

思われますが、実際は逆でした。アッパースイングをやめて、低い月に突き刺さるように鋭いスイングをしようと、理想の弾道を暗に示す金言だったのです。

　アドバイスを受けた大杉はアッパースイングが矯正されたのか、打撃能力を開眼させました。

　結果、プロ19年で、通算486本塁打、セパ両リーグで1000安打と記憶にも記録にも残る選手になりました。

　この「月に向かって打て」で注目すべき点は、飯島コーチが打撃動作を具体的に指導しているのではなく、理想の動作（アッパースイングの改善）を導くことを狙いとしている点です。

　本書では、環境を操作することで最適な動作を引き出すことを"スポーツ版ナッジ"と呼んでいます。飯島コーチは月をゴールにすることでスイングを改善しており、スポーツ版ナッジの一例といえます。

　では、このようなスポーツ版ナッジによるアドバイスは、実技指導する従来の練習と比べて、どの程度効果的なのでしょうか。このエピソードと似ているような状況で研究をした、アリゾナ大学のグレイの研究[iii]を紹介します。

柵の位置を調節してホームランを増やす

　グレイは、フライを打つのが苦手な野球経験者を30名集めました。この30名を3つのグループに分け、それぞれ別の練習をさせて、上達の仕方がどのように異なるかを比較しました。

　練習期間は6週間で、毎週60球を打ち返すという練習でした。

　1つ目のグループは、柵を越えるように打つよう指示されました。制約（スポーツ版ナッジ）を用いたのです。最初、柵はホームベースから45m離れた箇所に設置してあります。打球が柵を越えたら、柵を遠くに移動します。柵を越えなかったら、柵を近くに移動します。これを繰り返して、遠くの柵を越えるように打つ練習をします。

2つ目のグループは、ホームランを打つための現象を説明されました。バットとボールが何度で衝突するように打つというように、どのような物理現象をすればホームランになるかの説明を聞いてから、練習に臨みました。

　3つ目のグループは、ホームランを打つための体の動きを指導されました。腕はこう動かす、足はこう動かすといったように実技指導がなされました。

　2つ目の現象を説明するグループと、3つ目の行為を指導するグループは、従来の練習方法に近いように思えます。スポーツ版ナッジと、これらの従来的な練習方法のどちらが効果的かを比較した実験となっていました。

　6週間の練習の結果、柵越えを指示したグループ（スポーツ版ナッジ）では、従来の練習方法のグループ（現象を説明、行為を指導）に比べて、ホームランの数や外野フライの割合が高まることが示されました。

　この結果は、柵を越えるというゴールを設定することで、現象や行為を説明しなくてもホームランを打つスイングが上達する可能性を示しています。直接指導するのではなく、環境（柵の場所＝スタジアムの形状）に制約を設けることで、理想の動作を導くという、まさにスポーツ版ナッジが活かされた結果となっています。

　どうして、従来の方法に比べてスポーツ版ナッジに効果があるのでしょうか。グレイは、運動の協調性が効率よく学習されるためだと考察しています。たとえば、従来の指導では腕の動きと足の動きを別々に学ぶ必要があるのに対して、制約を用いたやり方では動作全体を学べるので、効率的な上達につながるという可能性が考えられます。

■ グレイの研究 ■

練習法	テスト結果の変化

柵越えを指示

- 柵は45m先に設置
- 成功したら柵が6m遠くに移動
- 失敗したら柵が6m手前に移動

➡ ホームラン：2本→23本
外野フライ：4%→31%

現象を説明

- バットを入ってくる球と同じ平面上に置く
- 内野を越えるボールを打つ
- ボールの下半分に接触する

➡ ホームラン：3本→11本
外野フライ：7%→12%

行為を指導

- 手をボールの下に入れる
- 腕を上向きに動かす
- 後ろ足から打ち上げる

➡ ホームラン：2本→20本
外野フライ：4%→27%

可動式ホームランテラスを導入？

　グレイの研究では、柵越えを意識するとホームランが上達することが示されました。これは、月に向かって打ったことで大打者になった大杉勝男と似たものを感じます。

　近年はホームランを増やすためにホームランテラスを取り入れるチームが増えていますが、ホームランテラスは単に外野を小さくしてホームランを増やすだけでなく、テラスという環境制約を作ることでホームランを増やす可能性も秘めています。

グレイの研究を参考にするならば、ホームランテラスでホームランが増えた場合は、テラスを少しずつ遠ざけていくと、自軍だけホームランが増えるかもしれません。もちろん、プロ野球の競技規則に反さない前提ですが、アフォーダンスを用いることで、チームの特長を活かしたり、チームの作戦を円滑に進行させたりするようなスタジアムを作ることができるともいえます。

野球界の制約・アフォーダンスブーム

　グレイは他の研究[iv]でも、野球動作における制約の重要性を示しています。この研究では、後ろ腕と脇腹でボールを挟みながらスイングするといったトレーニングをすると、逆方向への打撃（右打者ならライト側、左打者ならレフト側に打つこと）が上達することが判明しました。

　このグレイの研究を代表として、野球界では"制約"を用いた練習のブームとなっているようにも感じます。

　著名な野球ジムであるドライブラインでは、constraint（制約）を用いた練習ドリルをホームページに掲載しています。

　実際、メジャーにおける最先端の科学的トレーニングを紹介する書籍『The MVP Machine[v]（邦訳：アメリカン・ベースボール革命）』では、制約やアフォーダンスを意識していると思われる練習が多く登場します。

　野球の上達のためのグッズにも、アフォーダンスや制約が隠されています。たとえば、グリップが2つあるバット「シークエンスバット」が2022年に流行しました。これは2つのグリップを正しく動かすことで、適切な手首の動きを誘導するための野球道具になります。

　このように、新しい練習方法や練習道具の背景には、制約やアフォーダンスという概念が隠れています。近年はSNSの発展により、練習法や道具について、溢れるほどの情報が手に入るようになりました。

　指導者や選手が、トレーニングの背景にある制約やアフォーダンスに目を向けることで、適切な情報の取捨選択につながるといえるでしょう。

制約主導アプローチ、エコロジカル・アプローチ

　ここまで野球の話をしてきましたが、制約を用いた練習は、特にサッカーの分野で研究され実践に移されています。

　アフォーダンスを活用することで、複雑な運動連鎖や即興的なコンビネーションといった、具体的に指示しづらい行為を効率的に習得することを期待されています。

　実際に、イングランドのサッカー協会は2017年から練習のガイドラインにアフォーダンス関連の記述を追加し、国家単位で競技力を向上させようと画策しています。いまやサッカーを上達するためには、行動経済学や認知科学の知識も必要になる時代になりました。

　制約を用いた練習は、制約主導アプローチ（CLA：Constraints Led Approach）と呼ばれます。制約主導アプローチを中心メソッドにした、"エコロジカル・アプローチ"や、制約を用いることで選手に戦術を効率的に学ばせる"戦術的ピリオダイゼーション"は、サッカーの練習理論としてヨーロッパを中心に急速に広まっています。

　このエコロジカル・アプローチや戦術的ピリオダイゼーションでは、本書で紹介したテニスのバックハンドや野球のホームランの練習法のように、選手が自然に技術を引き出すための理論やテクニックが用いられています。

　制約はどのように分類されているのか、具体的に制約をどう現場に落とし込めばいいのか。本書では具体的な練習理論には立ち入りませんが、気になる方は、ぜひエコロジカル・アプローチや戦術的ピリオダイゼーションを扱った本を書店などで手に取ってみてください。

　近年は野球をはじめとして、様々なスポーツで制約・アフォーダンスのブームが来ていると聞きます。サッカーの最先端理論に触れることで、他のスポーツにも参考になる点がたくさんあると思われます。

　これからの指導者は、自身の指導にどのような制約が隠れていて、そ

れがどういう動作や意思決定を導いているのか、理解することが求められるといえるでしょう。また、スポーツファンのなかには、試合前の練習を見るのが好きな方もいます。練習を見る際は、その練習に隠された制約に注目してみるとおもしろいでしょう。

ヒントを与える指導法の重要性

　制約を用いた方法は、練習だけでなく指導者の役割も変えていくと予想されます。今までは直接お手本を示すのがコーチの仕事でした。一方、制約を用いる練習においては、選手が理想の動きをみつけるのを手伝うのがコーチの役割となります。

　それに合わせて選手に求められる姿勢も変わるでしょう。今まではコーチから教わった動きを再現することが求められましたが、制約を用いた練習では自分で正解をみつけていく必要があります。何度もトライアルアンドエラーを繰り返す積極性や正解がみつからなくてもめげない粘り強さが重要になるでしょう。

　この指導者と選手の関係性の変化は、一般社会でみられる変化にも類似しています。現代の先生や上司は、生徒や部下に対して逐一指導するよりは、モチベーターとしての役割が求められる傾向にあります。スポーツの指導者も例外でなく、上から正解を指導するよりは、選手に寄り添うことが大切になってきています。

　選手に直接介入するのではなく、選手が自身のペースで技能を習得するのを待つという点で、アフォーダンスは新しい指導方針としても注目を浴びていくことが予想されます。スポーツは社会的な行為なので、社会的な価値観の移り変わりが反映されますし、変化に敏感であることも成功するための秘訣といえるでしょう。

感覚言語とアフォーダンスについて

　さて、本節ではスポーツ版ナッジ（制約）を用いてホームランを増やした研究を紹介し、練習理論としての制約主導アプローチを取り上げました。

　これらはいずれも近年取り組まれ、爆発的なブームになっています。行動を指示するのではなく誘導するという考え方は、近年の価値観にもあっているため、数十年後にはある種の常識になっているかもしれません。

　スポーツ版ナッジ（制約やアフォーダンス）の背景には、行動経済学、認知科学、バイオメカニクスの専門的内容がありました。指導者は、これらについて学ぶことが求められる時代になってきたとも考えられます。

　次節では、スポーツ版ナッジで今後取り組んでいく課題として「感覚言語の翻訳」を取り上げます。「ボール止がまって見えた」「パスコースが光っている」等、スポーツ選手は時折、物理的には妥当でない表現をします。これらをアフォーダンスとして理解できるのではないかという可能性について掘り下げます。

特殊ルールによる制約と上達

　ここでは、スポーツでもマインドスポーツ（ボードゲームやカードゲーム）に焦点をあてて、上達する人の共通点として「制約を楽しめる」ことが挙げられることを説明していきます。

　マインドスポーツで遊ぶ人は、特殊ルールで遊んだことがある人も多いと思います。特殊ルールとは、持ち駒を使えない将棋や、2翻以下のアガリを禁止する麻雀のように普段とは違う遊び方をすることです。このような特殊ルールは、条件が課されるため普段通りに遊べないという点で、制約を活かした遊び方といえます。

　私は将棋棋士のYouTubeチャンネルをよく見るのですが、彼らがかなり高頻度で特殊ルールを楽しんでいることに驚かされます。本将棋の研究で忙しいはずなのに（YouTubeの収益につながるとはいえ）特殊ルールで遊ぶということは、制約のなかに上達のヒントが眠っていると感じているからでしょう。実際、彼ら将棋棋士YouTuberのなかには目覚ましい成果を上げている方もいます。YouTubeで特殊ルールを楽しむことは単なる遊びを超えて、上達につながっていると考えられます。

　将棋以外のマインドスポーツでも、うまい人は特殊ルールを好む印象があります。麻雀では特殊ルールを楽しめる「少牌マイティ」というアプリが2023年にリリースされ大人気になりました。カードゲームの「マジック・ザ・ギャザリング」では、信じられない数の特殊ルールが知られています。トッププロがこれらを好むのは、単に楽しいからだけではなく、新しい発見や上達につながると捉えているからでしょう。

　今回は特殊ルール（＝制約）を活かしてマインドスポーツが上達する可能性に触れましたが、もっと身近な例、たとえば制約を活かしてテスト勉強で有利になることが知られています。詳細は次のコラムで紹介します。

真っすぐは曲がる？　感覚と物理の
橋渡しとしてのアフォーダンス

 真っすぐは曲がっている？

　「ストレート」や「真っすぐ」とも呼ばれる「フォーシーム」は、物理的には軌道が曲がっていることで知られています。なぜ、軌道が曲がっているのに「ストレート」「真っすぐ」と呼ばれるのでしょうか？

ストレート?

真っすぐ?

つい

環境から得た情報は、物理現象と異なる場合がある
アフォーダンス

　「フォーシーム」は、物理現象を正しく捉えて「ストレート」「まっすぐ」と呼んでいるのではなく、野球選手がボールの軌道から"まっすぐ"というアフォーダンスを感じているとされています。アフォーダンスでは、環境から得る情報が、物理現象と異なる場合があるとされており、まさにその一例です。

- 「ボールが止まって見える」「パスコースが光って見える」のように、一流のスポーツ選手は特殊な表現をすることがある。これは、環境から特徴的なアフォーダンスを感じているといえる。
- 一般に知られるスポーツ用語も、物理現象そのものではなく、現象から感じられるアフォーダンスを表していることがある。
- 指導者は、物理現象を指導するのか、アフォーダンス（感覚）を指導するのか、区別することが求められる。

ボールが止まって見えた：環境からのアフォーダンス

「ボールが止まって見えた」という野球の名言があります。

1950年の練習中、打撃の神様とも呼ばれた読売ジャイアンツの川上哲治が語ったとされる名言です（別の選手の発言という説もあります）。川上はプロ野球で初めて2000本安打を達成するなど優れた打者でした。打撃を極めた川上にはボールが止まっているように見え、ヒットを量産することができたのでしょう。

もちろん、実際には投げられたボールが止まることはありません。物理的には状況を正しく捉えていないといえます。

川上の発言はある種の比喩や、一流選手ゆえのゾーン（驚異的な集中力）だと考えられます。

本節では、このような物理現象を超越した格言やスポーツ用語について、アフォーダンスという視点から切り込んでみます。アフォーダンスが、感覚と物理現象の架け橋になって、指導に役立つ可能性を提案していきます。

アフォーダンスは、周囲の環境が私たちの反応をダイレクトに引き起こすという考え方でした（詳しくは6-1をご参照ください）。バッティ

ングにおける環境とは、ボールの位置、スピード、加速度、投手のフォーム、打者のバットやスイング方法などが挙げられます。川上はそうした環境を手がかりとして、ヒットになる確率が高い瞬間を切り出し、打っていたと考えられます。まさに、止まっているボールが打てと語りかけてくるようなアフォーダンスを感じていた可能性があります。

一流選手のアフォーダンス

　川上だけでなく、非凡な選手は独特なアフォーダンスを感じるようです。心理学者でアフォーダンスの研究者である佐々木正人は、各競技のトッププロの選手にインタビューを行ない、彼らが環境から受け取るアフォーダンスを掘り起こしました[vi]。

　代表的なアフォーダンスを下の図にまとめました。

佐々木によるインタビュー

名波浩（サッカー）
・ゴールへのパスコースが光り輝く
澤野大地（棒高跳び）
・調子がいい日はポールが柔らかい
船木和喜（スキージャンプ）
・ジャンプは飛ばずに風に乗る
武田美保（シンクロ）
・水面の硬さは、演技によって障子にもシルクにもなる
野村忠宏（柔道）
・相手の股下に背負投げへの道が見える

　サッカー日本代表として活躍した名波浩は、複数あるパスコースのうち、ゴールにつながるパスコースが光って見えることがあると話してい

ます。もちろん、パスコースが実際に光ることはないので、あくまで感覚の話といえます。

　私たちがドアの形状からドアの開け方を自然と理解するように、ピッチの上の選手の立ち位置やスペースから自然と理想的なパスコースを選ぶことができるのでしょう。

　棒高跳びで日本記録を達成した澤野大地は、調子がいい日はポールが柔らかく感じるといいます。もちろん、ポールの物理的な硬度が変わるわけではありません。ポールと自身の関係性を手がかりに、その日のパフォーマンスを予測しているといえます。

　このように、トッププロの選手の非凡な感覚はアフォーダンスと捉えることができます。

感覚なのか物理なのかややこしい「真っすぐ」

　ここまで紹介した、「パスコースが光って見える」や「ポールが柔らかく感じる」というのは明らかに物理現象から乖離したアフォーダンスでした。

　ここからは、野球を題材に、物理現象を指しているのかアフォーダンスを指しているのかややこしい例を紹介していきます。

　1つ目の例は投手が投げる4シームという球種です。4シームはほとんどのピッチャーが投げる球種で、「ストレート」や「真っすぐ」と呼ばれることもあります。

　「ストレート」や「真っすぐ」という呼称から、曲がらずに一直線に向かっていく印象を持たれがちです。一部の野球解説書や野球ゲームではそのように説明されることもあります。

　しかし、実際の4シームはシュート方向（右投手なら右側、左投手なら左側）に変化していきます。

　たとえば大谷翔平ならば、ボールを投げてから打者に届くまで、10〜20cmほどシュートしています。俗にいうきれいな「真っすぐ」は物

理的にはシュートしていて、シュートしていない真っすぐは"真っスラ（真っすぐ＋スライダー）"と呼ばれたりもします。

　つまり、野球選手は4シームの軌道から"まっすぐ"というアフォーダンスを感じているのであり、物理現象を正しく捉えているわけではありません。人間は外界の情報を客観的に捉えるのが苦手な場合があるというのが行動経済学の主張ですが、その一例といえます。

感覚と物理現象に大きな乖離が生まれる「流し打ち」

　右打者ならライト方向へ、左打者ならレフト方向へヒットを打つことを流し打ちといいます。野球技術を深掘りするテレビ番組『球辞苑』[vii]では、流し打ちがうまい（安打が多い）選手として山田哲人がインタビューに答えていました。

　ここでの山田の発言は意外なものでした。山田は意識的に流し打ちをしているのではなく、常にフルスイングをしていると回答していました。バットに当たる場所やタイミング次第で、流し打ちの方向にも打球が飛ぶのではないかと考察していました。

　つまり、山田はいつも通りフルスイングする感覚で、結果として流し打ち方向にヒットを量産していました。感覚（アフォーダンス）と物理現象に大きな乖離が生まれています。

■ 感覚と物理現象の乖離 ■

	感覚 環境からの アフォーダンス →	物理 実際の アウトプット
山田哲人の場合	引っ張り フルスイング	流し方向にも ヒット
4シームの場合	きれいな まっすぐ	シュート方向に 曲がる

指導言語はアフォーダンスなのか物理現象なのか

　この４シームや山田哲人の例は、指導をする際に感覚について指導しているのか、物理現象について指導しているのか区別することの重要性を示しています。

　たとえば、チームで流し打ちの練習をするとします。このとき、物理現象（アウトプット）として流し打ち方向への打球を増やしたいのか、それとも、感覚として流し打ちをする感覚を身につけさせたいのかを区別することが求められるでしょう。この区別をしないと、ある選手は流し打ちのアフォーダンスを追求し、ある選手はアウトプットを意識するという状況になり、チームで意思統一をすることができません。

　スポーツを指導する場面では、コーチが選手にむかって使う言葉を「指導言語」と呼ぶこともあります。この指導言語が、アフォーダンスを表しているのか、アウトプットを表しているのかを再確認する必要があるでしょう。

　本節では４シームや流し打ちを取り上げましたが、ヘッドを立てる、手首を返す、引き付けて打つ、ボールを押し込む、重い球を投げる、などといった言葉も、感覚と言語に乖離がみられる現象です。

　近年はデータの計測や分析が発展してきたこともあり、主観的な感覚に頼らずデータで指導をする例が増えてきています。そのなかで、主観的な感覚が軽視される風潮を感じることもあります。

　しかし、6-1のテニスや6-2の野球で紹介したように、アフォーダンスを用いて動作を誘導するようなトレーニングは有効であることが知られています。このことを考えると、選手が環境から感じたアフォーダンスを磨くことで（アフォーダンスが物理現象とは乖離していても）上達につながる可能性が高まるのではないでしょうか。野球だけでなく、他スポーツでも同様のため、これからの指導者は、アフォーダンスへの理解をますます求められるようになるでしょう。

制約を利用した大学入試対策

　制約は、受験勉強のような勉強でも有効活用できると考えています。私が高校3年生のときに受けた林修先生の講義は、まさにこの制約を活用するものでした。

　テレビタレントとしても活躍中の林先生ですが、2024年現在でも東進ハイスクールで現代文の授業を担当しています。私は当時現代文が苦手だったので、活路を求めて林先生の授業を受講しました。

　彼の授業では特殊ルール（＝制約）で入試問題を解くというものがあります。たとえば、本来は選択肢のある問題を記述式で回答する形式や、文章だけを読んで自分で線を引く場所を決め問題を作成する形式の特殊ルールがありました。

　普段とルールが異なるため、いつもとは違った考え方で入試問題を解くことができます。具体的には、いい回答の作り方や間違いやすい選択肢の作り方などを学ぶことができます。まさに、制約によって、普段とは違う思考が誘導されている例といえるでしょう。

　私の場合は、出題者の視点で問題文を確認できるようになったことで、回答に必須な要素を外すことが少なくなり、現代文の点数を伸ばすことができました。制約によって、受験勉強を効率的に進めることができたといっても過言ではないでしょう。

　林先生の授業を受けて以来、他教科でも自分なりに特殊ルールを導入することにしました。たとえば、英語の問題を制限時間の半分で解くことで速読力を鍛えたり、数学で一部の公式を使わないようにすることで導出が上達したりといった実感を得ることができました。今振り返れば、制約を有効活用できていたと思います。

　このように、制約を上手に活用することで、スポーツだけでなく学力も向上する可能性があるでしょう。身の回りの制約を意識することは、ものごとの上達につながるヒントといえます。

第6章 スポーツ版ナッジ

第6章まとめ：スポーツ版ナッジ

◎ナッジの定義と歴史的背景

　本章では、スポーツ版ナッジを活用してスポーツを効率的に上達する方法について紹介してきました。テニスコートのセンターラインを移動させることでバックハンドが上達したり、野球の柵の位置を調節したりすることでホームランが増えたりといったことが期待できました。では、行動経済学のナッジはどういったものなのか、簡単に解説します。

　ナッジ（nudge）は英語で「ひじでつつく」という意味で、強制をせずに相手の行動を促す手法です。ビジネス、行政、医療など、幅広いシーンでの活用が期待されています。

　有名なナッジの例として、ビュッフェでサラダを手前に揚げ物を奥に配置することにより、健康的な食生活を後押しするというものがあります[viii]。揚げ物を禁止したり、罰金を課したりするのは利用者の権利を侵害してしまう。あくまで、利用者が自発的にサラダを選ぶ工夫が求められるわけです。

　このように、ナッジは過ちを犯しがちな状況を正しい方向に導くこと（父権主義：パターナリズム）と、本人の自由な行動（自由主義：リバタリアン）を両立する手法としても、期待を集めています。特に、ナッジを提案したシカゴ大学のリチャード・セイラーが2017年にノーベル賞を受賞したことを受け、注目度がさらに高まっています。

◎ナッジの代表的手法「デフォルト」

　よいナッジを実装するための様々なテクニックが知られています。特に著名なテクニックとして「デフォルト」というものがあります。

　これは、何かを選ぶ際にゼロから選ぶのではなく、あらかじめ選択されている状態にするというテクニックです。

たとえば、臓器提供の意思表明を記入してもらうときに、あらかじめ「希望する」にチェックが入っている（希望しない場合に、チェックを付け替える）ようにします[ix]。先述のセイラーは、この手法を用いて臓器の提供者を大幅に増やすことに成功しました。

　このデフォルトは、臓器提供のような公共性の高いものから、サブスクリプションのサービスやソフトウェアのダウンロードなど、様々な場面で利用されています。

　デフォルト以外のテクニックや、その他の事例、実践例について気になる方は、ぜひナッジの専門書を手にとってみてください。

◎ナッジとブーストの違い

　近年、ブースト[x]という意思決定への介入手法も少しずつ知名度を増しているので取り上げます。

　ナッジもブーストも意思決定を合理的にするという最終目的は同じなのですが、そこに至る過程が異なります。

　ナッジは、人間が合理的に振る舞うのが苦手であるという前提にもとづき、意思決定を合理的な方向に導くアプローチです。一方、ブーストは逆の立場に立ちます。人間の合理性について楽観的な立場を取り、合理性を発揮できるような手助けをしようとアプローチします。

　ビュッフェの例でいえば、人間は不健康だから揚げ物を取るという前提に立つのがナッジ、人間も訓練すれば主体的にサラダを選べるという立場がブーストになります。

　ナッジとブースト、どちらが優れているという訳ではありません。お互いに長所・手法・価値観が異なるので、適材適所で用いることが大切といえるでしょう。

参考文献

i   Fitzpatrick, A., Davids, K., & Stone, J. A. (2018). Effects of scaling task constraints on emergent behaviours in children's racquet sports performance. *Human Movement Science*, 58, 80-87.

ii   中村計. (2015). 「黒田博樹が再び日本で活躍する根拠。股関節の硬さ、という弱点が長所に？」『NumberWeb』. https://number.bunshun.jp/articles/-/822509?page=2

iii   Gray, R. (2018). Comparing cueing and constraints interventions for increasing launch angle in baseball batting. *Sport, Exercise, and Performance Psychology*, *7* (3), 318-332.

iv   Gray, R. (2020). Comparing the constraints led approach, differential learning and prescriptive instruction for training opposite-field hitting in baseball. *Psychology of Sport and Exercise*, *51*, 101797.

v   Lindbergh, B., & Sawchik, T. (2019). *The MVP machine: How baseball's new nonconformists are using data to build better players*. Basic Books.

vi   佐々木正人 (2008). 『時速250キロのシャトルが見える―トップアスリート 16 人の身体論』光文社新書.

vii   2014年11月14日放送回

viii   Thaler, R. H., & Sunstein, C. R. (2008). Nudge: Improving decisions about health, wealth, and happiness. Simon & Schuster. (R. H. セイラー，C. R. サンスティーン/遠藤真美 (訳) (2009). 『実践行動経済学：健康、富、幸福への聡明な選択』日経BP)

ix   Johnson, E. J., & Goldstein, D. (2003). Do defaults save lives?. *Science*, *302* (5649), 1338-1339.

x   Hertwig, R., & Grüne-Yanoff, T. (2017). Nudging and boosting: Steering or empowering good decisions. *Perspectives on Psychological Science*, *12* (6), 973-986.

～～～〔行動経済学を深めたいときにおすすめの入門書〕～～～

　ここまでの第1章～第6章では、主要な行動経済学のトピックについてスポーツを対象にした先行研究や例をもとに1つずつ紹介してきました。

　行動経済学がスポーツにもたらす影響を体感してもらいながら、人間の不合理を理解していただいているのではないかと思います。

　ここで、行動経済学の知識をもっと深めたいときにおすすめの入門書を3冊ご紹介します。気になる方はぜひ、手に取ってみてください。

行動経済学まんが　ヘンテコノミクス

佐藤雅彦（著）、菅　俊一（著）、高橋秀明（著）／マガジンハウス／2017年11月刊行

20個以上の行動経済学のトピックについて、漫画を用いて視覚的に分かりやすく紹介されています。漫画も面白いため、楽しみながら行動経済学を学ぶことができます。娯楽と学びを両立したい方におすすめです。

行動経済学入門

筒井義郎（著）、佐々木俊一郎（著）、山根承子（著）、グレッグ・マルデワ（著）／東洋経済新報社／2017年4月刊行

行動経済学の主要トピックが、網羅的に掲載されている、いわゆる教科書的な一冊です。理論をしっかり学ぶことができます。巻末には詳しいブックガイドもあるため、本格的に学び始めたい方におすすめです。

予想どおりに不合理：行動経済学が明かす「あなたがそれを選ぶわけ」

ダン・アリエリー（著）、熊谷淳子（翻訳）／早川書房／2013年8月刊行

行動経済学ゲームの火付け役になった一冊です。行動経済学を日常や仕事にどのように応用できるか、ドキュメンタリー映画のように書かれています。特に行動経済学の実践例に興味ある方におすすめです。

第7章
その他の重要なバイアス

判断力・注意力も
行動経済学で解明できる！

　スポーツを題材にした行動経済学では、たくさんの認知バイアスが提唱されています。

　第7章では、ここまで取り上げていない、その他の重要なトピックや興味深い発見を、10個の事例で浅く広く紹介していきます。

　気になったものについては先行研究や参考文献をみていただけると幸いです。

　浅く広くといっても「人間の意思決定にはクセがある」という本書のスタンスは変わりません。クセが生み出すスポーツの妙について、事例とともに紹介していきます。

〔第7章で取り上げる認知バイアス〕

　7-1では、行動経済学で重要な考え方である「システム1とシステム2」について、紹介します。7-2から7-8までは人間の注意力について扱った事例を紹介します。人間は注意力が限られていることや、注意を適宜配分していることが知られています。その影響で、不可解な意思決定やサバ読みが生まれることを紹介します。注意のメカニズムがスポーツに及ぼす影響について理解を深めましょう。

　7-9と7-10は、どうしても取り上げたかった興味深い事例を紹介します。これらは体系的に研究されているわけではなく、私が知る限り、"○○バイアス"という統一した名称もついていません。ですが、スポーツをやったり観戦したりするうえで、参考になる事例をもとに紹介します。

無意識の「システム１」と意識の「システム２」が サッカーのパス回しを変える

> ### 二重過程理論（システム１とシステム２）
> 人間が情報処理（認知）を行なう際、無意識的な「システム１」と意識的な「システム２」の２つの過程があるとされている。２つの過程は互いに独立しながら、同時に稼働している。

-----------------------**POINT**-----------------------

- サッカーの強豪チームは、ビルドアップにおいてサインや声かけをしながらパス回しをする。これはシステム２に近い認知だと考えられる。一方、シュートの場面は反射的でシステム１に近いと考えられる。
- サッカーIQはシステム２のことを指しているかもしれない。また、監督が試合中に指導できるのはシステム２と想定される。
- システム２は疲れることが知られているので、選手に任せすぎるのはよくないと考えられる。

名称ペップ・グアルディオラから学ぶ二重過程理論

「ピッチの最後３分の１までならプランを立てられるが、そこから先は選手がやり遂げねばならない」

これは、バルセロナ、バイエルン・ミュンヘン、マンチェスター・シティを率いて世界一になったサッカーの名将、ペップ・グアルディオラ（ペップ）の名言[i]です。ペップほどの戦術家をもってしても、最後のゴ

ールの部分は選手のクオリティに頼ることを強調しています。

ペップのこの名言は、行動経済学で重要な理論とされている「二重過程理論」がサッカーでも活用できる可能性を示唆しています。

無意識のシステム１と意識のシステム２

人間の脳は、自動的で処理が早い「システム１」と、意識的で処理の遅い「システム２」の２つのモードで思考しているという理論を、「二重過程理論」といいます。

二重過程理論自体は、2000年に心理学者のスタノビッチとウェストが提唱した[ii]考え方です。ノーベル経済学賞を受賞した行動経済学者のカーネマンが、この理論を発展させ書籍『ファスト＆スロー』[iii]を執筆し、このシステム１とシステム２の考え方はさらに有名になりました。

この理論を体感してみましょう。次の問題を解いてみてください。

チョコとアメは合わせて110円です。チョコはアメより100円高いです。ではアメはいくらでしょう？

直感的に「アメは10円だ！」と思った方はいませんか？　しかし、よく考えると、アメが10円ではチョコは110円（10円＋100円）になり、合わせて120円になってしまう、間違いに気づくはずです。

正解は、「アメが５円、チョコが105円」です。

このように直感的に「10円」と答えを出すのがシステム１。熟慮することでシステム１の間違いを訂正し「５円」を導くことができるのがシステム２です。システム１は直感的で早く、システム２は俗にいう"頭を使う"ことであると、理解できたかと思います。

この２つのモードをうまく使い分けることで、脳はリソースを節約しているといわれています。また、システム１は直感的であるため、アメが10円だと思ってしまうように、認知バイアスの影響を受けやすいこ

とが知られています。

■人間が持つ２つの思考モード■

システム１：直感

- 無意識的
- 素早い判断
- 単純な作業
- バイアスの
  影響を受ける
- →ゴール前

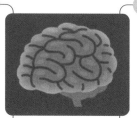

システム２：熟慮

- 意識的
- 精密な判断
- 複雑な作業
- バイアスの
  影響を受けにくい
  →ビルドアップ

ペップシティーのシステム２なパス回し

　この理論をサッカーで活用する可能性を考えていきましょう。

　ペップが指揮をするマンチェスター・シティをみると、ジェスチャーや言葉で常にコミュニケーションを取りながら、ビルドアップ（自陣でのパス回し）をしています。論理的で緻密なパス回しはシステム２を重視していると考えられます。

　一方、ゴールが近くなると、これらのコミュニケーションが減り、即興的なパス回しが増えます。ゴール前では直感や素早さが重要なので、システム１が優勢になると考えられます。

　この仮説にもとづくと、本節冒頭のペップの名言は「システム２については監督が落とし込むことができるが、システム１については選手が対処しなければならない」とも読み取れます。サッカーの90mのピッチのうち、60mは熟慮のシステム２で攻略し、最後の30mは無意識のシステム１で攻略するというのがペップの信条とも考えられるのです。

　ペップは現役時代も監督時代もサッカーIQに優れた人物として知られていますが、このサッカーIQとは、システム２のことを指している

のかもしれません。逆に、いわゆる“個の力”というのはシステム１の
クオリティの高さを示している可能性があります。

日本代表はシステム１とシステム２の区別をすべき

　システム２は使い続けると注意力や判断の質が落ちていくことが提唱
されています。実際、2024年のサッカーアジアカップで、日本は準々
決勝で敗退してしまいましたが、その原因の１つに、システム２の使い
すぎが考えられます。

　中心選手でもある守田英正は、準々決勝敗退後のインタビュー[iv]で「も
ういろいろ考えすぎてパンクというか。正直、アドバイスとか（中略）
もっと提示してほしい」と回答していました。

　この発言は、システム２を使うと疲れるという知見と一致しています。
日本が主導権を握ることができるアジア相手だと、システム２を使う時
間が多く、頭がパンクし、試合終盤でのミスが多くなる可能性が考えら
れます。

　近年の日本代表では、選手主導のボトムアップなアプローチを重視し
ています。ボトムアップが「直感的なシステム１」のことを指している
のか、それとも「熟慮のシステム２」を指しているのか、監督・スタッ
フは意識する必要があるでしょう。さらに、二重過程理論からは、選手
がシステム２を使いすぎないよう、適宜助け舟を出す必要があると導き
出されます。

　二重過程理論とサッカーの関連性を示す研究は存在するものの[v]、具
体的な関係についてはまだ研究の余地があり、今後の興味深い研究テー
マの１つです。

フリーのシュートは
選択肢が多すぎて外れやすい？

┌─────────── **選択肢過多効果** ───────────┐

選択肢が増えれば増えるほど、選択することが難しくなってし
まいストレスの原因になってしまう。

└──────────────────────────────────────┘

------------------------ **POINT** ------------------------

● サッカーでは、フリーで打つシュートは難しいという風潮がある。こ
れは、フリーだと選択肢が多すぎて判断が難しくなる選択肢過多効果
で説明できるかもしれない。

● 選択肢が多いと二重過程理論のシステム２が強くなり、判断まで時間
がかかる可能性も考えられる。

▎スーパーゴールとあり得ないミスを両立するFWたち

　サッカーの試合を観戦していると、信じられないようなスーパーゴー
ルが飛び出す一方、絶対に入りそうに思えるシチュエーションで外して
しまうこともあります。

　柳沢敦（元・日本代表、現・鹿島アントラーズコーチ）は2001年の
キリンカップ・イタリア戦でスーパーボレーを決めるなど、難易度の高
いゴールを数々決めています。一方で、余裕があるようにみえるシチュ
エーションでシュートを外したエピソードも多くあります。ワールドカ
ップドイツ大会のクロアチア戦では、ゴール前でフリーのシュートを外

した際、「急にボールが来たので」とインタビューに答え、サッカーファンから批判されたこともありました。

　また、浅野拓磨はワールドカップロシア大会のドイツ戦で難易度の高いゴールを決めたように類まれなるシュートセンスを持っています。しかし、2024年のアジアカップではフリーのシュートを外すなど、簡単なシュートを外すイメージもあります。

　簡単そうにみえるシュートを外した際、解説者が「簡単な状況ほど決めるのが難しい」とコメントするのを耳にすることもあります。たしかに、柳沢や浅野の例を参考にすると、シュートシーンの難しさとゴールの決まりやすさはきれいに比例するわけではない可能性が考えられます。では、「簡単な状況ほど難しい」という表現はどういう意味なのか、行動経済学の選択肢過多効果の視点で考えていきましょう。

6種のジャムと24種のジャムはどっちが売れる？

　選択肢過多効果を体感してみましょう。次のクイズに答えてみてください[vi]。

> **デパートの試食販売コーナーでジャムを売りました。次のどちらのブースの売上が多かったでしょうか？**
> ①6種類のジャムを販売するブース
> ②24種類のジャムを販売するブース

　正解は、①の6種類のジャムを販売するブースです。

　6種類のブースのほうが24種類のブースに比べて、なんと10倍もの売上を記録したと、先行研究で報告されています。この研究の興味深い点は、通りかかった客が足を止める確率は24種類のブースのほうが高かった点です。約6割の客が24種類のブースに行きました。

　しかし、実際にジャムを買った客は、24種類のブースでは3％未満

でした。6種類のブースでは約30%の客がジャムを買っていたことと比較すると、24種類のブースでは驚くほどジャムが売れないことがわかりました。

　選択肢が多いことは一見魅力的にみえます。ただし、選択肢があまりに多いと、その中から1つを決定するのに時間と労力がかかり、それがストレスにつながると考えられます。その結果、24種類のブースのジャムは売れなかったのでしょう。

　また、この結果は損失回避バイアス（第1章）とも結びつけられます。「もしこのジャムを選ばなかったらどうなるか」「このジャムよりあのジャムのほうが美味しいのではないのか」と損失の点から自らを疑うことで、購買をやめて失敗するリスクを回避することが考えられます。

サッカーのシュートと選択肢過多効果

　サッカーの簡単なシュートでも、この選択肢過多効果がみられる可能性が想定されます。

　たとえば、フリーでゴールキーパーと1対1になったとします。

　このとき、選手は、「右に打つ」「左に打つ」「ループで狙う」「キーパーの股下を狙う」「ドリブルで交わす」など、他にも多くの選択肢が頭をよぎります。選択肢に悩んでしまい、中途半端なシュートになってしまうかもしれません。

　また、決めるのが当たり前の場面なので「外したらどうしよう……」という損失に着目してしまう可能性も考えられます。

　一方、難しいシュートの場面では、シュートコースが1つしかなく、悩む必要がないかもしれません。失敗してナンボな場面なので、損失回避傾向が顔を出すこともないといえます。

　これらの背景から、「簡単なシュートほど難しい」という経験談は、多くの選択肢から迅速に正解を選びシュートをすることの難しさを語っているのだと考えられます。

サッカー研究では、たくさん指示をするとシュートが上達しないことが報告されています[vii]。この研究は、直接的ではないものの、選択肢過多効果によってシュートの決定率が下がることを示唆しています。

フリーのシュートを外すこととシステム2

　簡単なシュートの難しさは、7-1で説明したシステム1とシステム2と関連付けて考えることもできます。

　シュートコースが1つしかないような難しいシーンでは、そこを目指して直感的な意思決定をする、すなわちシステム1が優勢になると推測できます。

　しかし、選択肢がある場面や時間的な余裕がある場面では、熟慮のシステム2を利用している可能性が考えられます。

　実際、女子サッカー日本代表として活躍した永里優季（ヒューストン・ダッシュ）は、絶対に入るだろうというシュートが入らないと理由として「あまりにもフリーすぎて、思考する時間がありすぎて思考してしまって迷いが生じる」述べています[viii]。これは、システム2の特徴と一致しています。

　本節冒頭で挙げた柳沢や浅野は、システム1が優勢な場合は歴史的なストライカーといえますが、システム2を使う場面になると決定力が落ちてしまう選手だとも捉えることができるでしょう。

　特に、浅野は大舞台での強さがフィーチャーされる場面も多い選手です。相手が強い大舞台では、シュートまで余裕がないことが多く、だからこそシステム1を存分に活用できるのかもしれません。

　これらの例から、シュートの意思決定と個人差について理解することで、サッカー上達やよりよい選手起用につながるといえます。

7-3

スポーツのルール＆セオリー：P262-263, P265, P267

序盤に厳しい判定を繰り返すとミスが増える

━注意力の枯渇━
注意力は予算のようなもので、使いすぎると枯渇してしまう。

----- POINT -----
- 野球の審判は、序盤に重要度の高い判定を繰り返すと、試合の後半に判定ミスが増えることが知られている。特に、最終回は他の回と比べてミスが多いことが示されている。
- 野球以外のスポーツでもこの傾向はみられるかもしれない。
- 審判の休憩や交代のシステムがあってもよいと思われる。

注意力は「予算」のようなもの

　人間の注意力や集中力には限界があることが知られています。注意力は予算や財布のように有限であると考えられています。そのため、序盤に使いすぎたら終盤には判断の精度が下がると推測されます。今節では、スポーツにおける審判や審査員が、試合や大会全体で常に一定の判断をしているわけではない可能性について触れていきます。

　野球やサッカーのような競技では、序盤に難しい判定をすると終盤はミスジャッジが増えると考えられます。一方、体操やフィギュアスケートのような競技では、後半に重要な演技があるため、審査員は後半の選手の採点に注力していると考えられます（7-4）。

226

過去のレバレッジが増えると誤審が増える

　野球では、ストライクとボールの判定について、この注意力の枯渇が示されており、序盤にレバレッジ（重要度）の高い判定を繰り返すと、試合の後半に判定ミスが増えることが知られています。

　全米経済研究所の調査[ix]では、各投球のレバレッジが高まると将来のストライクとボールの誤審率が増えることを示しました。

　レバレッジとは、英語で「てこ」を意味する野球の指標で、その投球が試合をどの程度左右するかを示しています。詳細な内容は割愛しますが、たとえば、序盤にレバレッジが１段階高い場面（３回裏２点ビハインドランナー二塁三塁など）があると、その後のストライク・ボール判定を誤る確率が１球あたり、0.71％高まるとされています。また、最終回では序盤に比べて、誤審率が0.36％高まることがわかりました。

　さらにこの研究では、ストライクとボールの誤審率はイニング間で休憩を挟むと低くなるとわかりました。これは休憩によって注意力が回復する（＝プレーによって注意力が減少する）可能性が示唆されます。

八木裕の幻のホームラン

　実際にプロ野球で起きた疑惑の判定は、レバレッジの高い試合だったのでしょうか。確認していきましょう。

　最初の例は、1992年９月11日の、阪神対ヤクルトにおける八木裕（阪神）の幻のホームランです。この試合はプロ野球最長の６時間26分という超ロングゲームであることでも有名です。

　９回裏同点の場面で、八木裕の大飛球はラバーフェンスの上部にあたりスタンドイン。当時は、ラバーフェンスに当たった場合の規定がなく、審判団で協議する必要があり、二塁塁審はホームランを宣言。しかし、ヤクルトの野村監督が猛抗議をすると、判定は二塁打に覆りました。

八木裕の幻のホームラン

○試合

1992年阪神対ヤクルト18回戦

○レバレッジ

・優勝争い。ヤクルトが首位、３位阪神とは１ゲーム差

・残塁：阪神19、ヤクルト13

・３対３という拮抗したゲーム

これについて阪神ベンチやファンは猛抗議、試合が１時間ほど止まり、暴れたファンが逮捕までされる事件となってしまいました。

この試合は、両チーム同点のままランナーをたくさん出す、レバレッジの高い試合でした。また、優勝争いという意味でシーズンにおけるレバレッジも高く、判断のミスが起こりやすい状況だったといえます。

審判団が認めたホームランの誤審

2018年６月22日に行なわれたオリックス対ソフトバンクにおける、ホームランの誤審も有名です。この判定は、実際はファールだったのに、ビデオ判定でホームランと判定してしまいました。

延長10回に起きたホームランの誤審

○試合

2018年６月22日オリックス対ソフトバンク（10回戦）

○レバレッジ

・交流戦明け初戦

・序盤から両チームがチャンスを作る

・３対３で延長戦

序盤から拮抗したゲームで両チームがチャンスを作っていました。誤審が発生したのは10回の表。このころには審判団の頭は混乱しており、よい意思決定をできる状況ではなかったとも考えられます。

　このように重要度の高い場面では、注意力が枯渇するため、ストライク・ボール以外の判定でもエラーがでることが想定されます。

▌サッカーで起きたアディショナルタイム20分

　最後にサッカーの事例を紹介します。2018年のJリーグ第33節、清水対神戸では、アディショナルタイムが4分と提示されたのにもかかわらず、実際は20分近く延長された誤審がありました。疑惑の判定にプレーも荒くなり、イエローカードは両軍合わせて7枚、退場者2名と後味の悪い試合になってしまいました。この年は10チーム近くが残留争いをする異様なシーズンで、神戸も残留争いをかけた重要度の高い試合でした。試合内容も序盤からシュートやファウルが多く、レフェリーにとっては負担が大きい試合であったといえそうです。

アディショナルタイム20分の誤審

○試合
　2018年11月24日清水VS神戸（第33節）
○レバレッジ
　・神戸：残留争い
　・両チームチャンス・シュート多め、前半からイエローカード

　これらの例を考慮すると、重要度の高い試合では、審判の休憩や他審判との交代を行なうことが合理的ともいえます。特に近年、疑惑の判定をした審判が誹謗中傷にあうことも珍しくありません。注意力が有限であることについて、もっと知られるべきだと思います。

先行は負けフラグ？
後攻が有利な採点競技

全体順序バイアス

採点競技など順番に評価する場面において、後ろの人が有利になることは、全体順序バイアス（overall order bias）として知られている。

POINT

- フィギュアスケート、M-1グランプリ、音楽コンクールでは、後ろの人が有利になりがちなことが経験的に知られている。
- 体操競技で全体順序バイアスがみられることを示した研究がある。
- 本当に公平を期するためには演技や発表の順序を調整する必要がある。

羽生結弦とネイサン・チェンの世界新記録合戦

2019年の世界フィギュアスケート選手権は、オリンピック連覇を果たした羽生結弦と前年の世界選手権を制覇したネイサン・チェンがデッドヒートを繰り広げる記念碑的な大会になりました。

羽生はショートプログラムとフリープログラムで合計300.97点を獲得。新採点方式では世界初の300超えの得点で、世界記録を更新しました。前人未到の大記録達成に選手権の優勝は目の前のようにみえました。

羽生の直後に演技を行なったチェンは、完璧な演技を披露。羽生が直前に出した世界記録を上回る得点を叩き出し、世界選手権連覇を成し遂

げました。

　世界新記録が連続して生まれるという大変レベルの高い大会になりました。それと同時に多くのフィギュアスケートファンは、滑走順が後のほうが有利であることを確信した大会でもあります。

先攻は負けフラグ？　採点競技は後が有利

　フィギュアスケートの例のように、採点競技は「演技が後であればあるほど有利」であることが経験的に知られています。行動経済学では、「全体順序バイアス（overall order bias）」と呼ばれています。

　この認知バイアスは、スポーツだけでなくビジネスや芸術でもみられることが知られています。

　たとえば、ベンチャー企業が資金を獲得するためのピッチコンテストでは、後半にプレゼンするほうが有利だと示す研究があります。また、吹奏楽部の全国大会である全日本吹奏楽コンクールでは、演奏順が早いほど不利というジンクスが知られています。実際、朝一番の団体が金賞を取れる割合は全体の割合に比べ7割ほど低いようです[x]。

　2023年に行なわれたM-1グランプリでは、令和ロマンが優勝しましたが、ネタ順がトップバッターであったことも話題になりました。トップバッターが最終審査に残ったのも約20年ぶりでした。トップバッターはかなり不利といえるでしょう。

　このように幅広い状況で、全体順序バイアスはみられます。

　人間の注意力は有限なので（7-3参照）、審査員は意識して後半に注意を向ける傾向があると考えられます。では、この全体順序バイアスで、どれくらいの得点の差が生まれるのでしょうか。

金メダリストでも演技が最初なら予選落ち

　ロットフは体操競技を題材に、全体順序バイアスの大きさを分析しま

した[xi]。

体操には、演技の難易度を採点するD得点（Difficulty Score, 10点満点）と演技の美しさを採点するE得点（Execution Score, 10点満点）があります。

全体順序バイアスは、E得点で観測されたものの、D得点では観測されませんでした。つまり、美しさのような主観的な評価において、バイアスがみられました。

そして、演技順が1つ後ろになるごとに0.008点ずつ点数が増える傾向が示されました。

0.008点というと一見小さく感じるかもしれません。しかし、体操競技は大会によっては100人ほどが演技することがあります（たとえば2021年の東京オリンピックでは80人ほどでした）。100人が演技すると、最初の選手と最後の選手で、0.8点ほどの違いが生まれます。

東京オリンピックでは、予選トップ選手と予選を最下位で通過した選手の差が、0.5点〜1.0点ほどでした。つまり理論的には、予選をトップで通過する実力がある選手でも、演技順が最初であれば予選落ちしてしまう可能性もあるわけです。

また、E得点は10点満点であり、0.01点の違いが勝負を分けることもあります。

こう考えると、1人0.008点という全体順序バイアスは競技の結果に影響を与え得ると判断できるでしょう。

全体順序バイアスを防ぐ仕組み

全体順序バイアスのことを考えると、賞レースにおいて順序を自分で選択できる場合には後半を選ぶとよいといえます。ランダムで順序を決める際には、後半になることを祈りましょう。「運も実力のうち」という言葉がありますが、これは順番を決めるくじ運のことを指しているのかもしれません。

また、大会の運営側は全体順序バイアスを前提としたシステム設計が求められるでしょう。

　たとえば、東京オリンピックの体操では、80人ほどで予選を、8人で決勝を行なうシステムになっていました。決勝に進める人数を減らすことで、全体順序バイアスを小さくする工夫がなされているといえます。

　本節冒頭のフィギュアスケートではショートプログラムは世界順位順に、フリープログラムはショートの順位順に滑走することが通例となっています。これは、世界順位が高い選手が有利な構造になっていて、一度勝った人が連勝しやすい構造です。

　勝者にアドバンテージがある状態が好ましいかどうかは人によって判断が分かれると思いますが、そうした競技特性があると理解して観戦すると、さらにおもしろくなるでしょう。

▌五十音順や誕生日順も見直すべき？

　全体順序バイアスを考慮すると、学校教育における出席番号順（五十音順や誕生日順）の発表も見直すべきかもしれません。

　絵画や書道の発表、作文や英語のスピーチコンテストなどを出席番号順で行なうことは当たり前のように考えられてきましたが、後半の発表者になるにつれて賞をもらえる可能性が高いと推測できます。

　名字が「あ行」で始まる人や誕生日が早い人は、なにかとトップバッターになりがちですが、賞レースのたびに損をしていたといわれると、少し悔しい気持ちになります（損失回避バイアス）。

　実技系の科目がある入学試験や、大規模大会につながる予選といった大切な賞レースに挑むときは、五十音順を避けてもらうよう運営に頼むことが、行動経済学の視点からみると妥当です。

審判はできる限り
試合の趨勢にかかわりたくない

不作為バイアス

何かして悪い結果になるより（マイナスの結果になる）、何も
しないほうがマシと考えて、不作為（なにもしない）という選
択肢を選ぶ傾向は不作為バイアスとして知られている。

---------------------**POINT**--------------------

- 野球の審判は、自身の主観的な判定によって試合を大きく左右することを嫌う傾向がある。たとえば、ハーフスイングでゲームセットになるよりも、空振りという誰がみても統一的な基準でゲームが終わることを望んでいると考えられる。
- これは自身の判定によってネガティブになるのだったら、何もしないという不作為バイアスによる影響と思われる。
- 野球、サッカー、バスケ、テニスなどといった幅広いスポーツで不作為バイアスによる判定の歪みがみられると主張されている。

スポーツの判定は２種類に分けられる

　スポーツの判定は、大きく２種類に分類できます。１つ目は、審判の主観的な判断が介入する判定。２つ目は、客観的な基準によって決められる判定です。

　野球では、ストライクとボールの判定やハーフスイングの判定が主観

的基準による判定といえます。

　空振り、フォースアウトのような判定は誰がみても同じ判断をできる点で客観的な判定といえるでしょう。

　サッカーでは、ファウルやハンドの判定は審判によって異なることがありますが、ゴールやオフサイドの判定は客観的なルールが決まっています。

　今節では、野球を題材に、審判が主観的な判定によって試合を決めたくないと考える「不作為バイアス」について紹介します。

何もしないほうがマシ「不作為バイアス」

　学校や職場で共有スペースが汚いとき、掃除をしたほうがいいけれど勝手に掃除して怒られるよりも何もしないで怒られるほうがましと考えたことがある人は多いと思います。

　このように、何かをして悪い結果になるより（マイナスの結果になる）、何もしないほうがマシと考えて、不作為（何もしない）という選択肢を選ぶ傾向は不作為バイアスとして知られています。このバイアスの例題として有名な、次の問題を考えてみてください。

> 　仮に、年間1000人の命を奪っている感染症Ｘが流行っているとします。そこに、感染症Ｘにかからない薬が開発されました。ただし、この薬は重篤な副作用により、年間700人ほどの命が奪われることが予測されています。この薬は人々に受け入れられると思いますか？

　客観的には300名の命を助けるために「受け入れる」と答えることが正解のように思えますが、実際は「受け入れない」と答える人が多いといわれています[xii]。死者が3割減少するほどの例でも、自身で新しい選択肢を選ぶことを好まないようです。

新型コロナウイルスが蔓延した際も、ワクチンを受け入れるか受け入れないかが、大きな社会問題となりました。新技術がスムーズに受け入れられない背景として、不作為バイアスによってリスクのある新しい挑戦を嫌ってしまうことが挙げられます。

見逃し三振と四球を嫌う野球の球審

　行動経済学者のモスコウィッツとスポーツライターのワーサイムは、野球、バスケ、アメフト、テニスといった幅広い競技の判定に不作為バイアスがみられることを主張しています[xiii]。つまり、審判は自身の主観的な判定によって試合が決まることを嫌い、何もしない（笛を吹かない、反則を取らない）と考えられます。

　さらに彼らは、野球の球審のストライクゾーンが不作為バイアスによって変化することを示しました。2ストライクからバッターが投球を見逃した場合はボールと判定されやすく、3ボールからバッターが投球を見逃した場合はストライクと判定されやすい傾向があることがみられました。

　投球がストライクゾーンギリギリだった場合、2ストライク時は普段と比べて10%ほどストライクになる確率が減り、3ボール時は普段と比べて10%ほどストライクが増えることが示されました。

■ストライクと判定される割合■

カウント	ストライクゾーン中央	ストライクゾーンギリギリ
全カウント	98%	50%
2ストライク全体	89%	38%
3ボール全体	99%	60%

※数値はMoskowitz & Wertheim（2011）より引用した。

これらの結果から、審判は自身のコールによって見逃し三振や四球を宣言したくない傾向があると読み取れます。見逃し三振や四球にならずに打席を継続させれば、空振り三振や外野フライといった客観的なアウトになる可能性もあります。

　審判は自身の主観が介入する判定で試合を左右することを嫌い、選手たちが結果を決めてくれることを願っているのかもしれません。

　ただし、この分析は2010年代に行なわれたものであり、近年は改善している可能性があることも付け加えておきます。

大事な場面では積極的なプレーが大切

　ほとんどのスポーツには主観的な判定が含まれています。客観的な判定がほとんどのように思えるテニスや卓球でも、審判への度の過ぎた不平不満にはペナルティがあり、どこまでが許されるラインであるかは審判の主観に委ねられています。

　不作為バイアスがみられた場合、審判は自身の手で試合に介入する回数が減る、つまり反則の笛を吹く回数が減ることや罰則が軽くなるといえます。たとえば、サッカーにおいて、退場者を出すと試合の状況が変わってしまうので、危ないファウルでも2枚目のイエローカードが提示されないといったことが考えられます。

　また、不作為バイアスは試合を大きく左右するような場面で影響が大きくなると思われます。大チャンス／ピンチの場面や試合終盤においては、軽微な反則や際どいコースについて審判は主観的な判定をせず、プレーが続行になるような判断をする可能性が高いといえます。

　不作為バイアスを論理的な裏付けとして、試合終盤において、野球では積極的に見逃しをする、サッカー・バスケでは守備の強度を高めるといったプレー基準を設けるのもよいといえるでしょう。

"やったふり"の有効性？
セオリーに逆らうことはしたくない

不作為バイアス

何かして悪い結果になるより（マイナスの結果になる）、何も
しない方がマシと考えて、不作為（なにもしない）という選択
肢を選ぶ傾向は不作為バイアスとして知られている。

POINT

- セオリーに逆らって失敗したり批判されたりすることを嫌って、セオ
  リーに従うことも不作為バイアスの派生形といえる。
- PKにおいてキーパーは飛ばずに中央に留まることが最適解とされて
  いる。しかし、飛ばないキーパーはほとんどいない。これはセオリー
  から外れたくない不作為バイアスの影響である。
- アメフトにおいて相手のキックの前にタイムを取ることも効果がない
  と知られているが、セオリー通りタイムを取るヘッドコーチが多い。

不作為バイアスによってセオリーに従いたくなる

　本書では、合理的な判断でないことがもう知られているのに、それで
もセオリーにこだわってしまう監督や選手のエピソードを紹介してきま
した。たとえば、サッカーのPKで転がすこと（1-1）、アメフトのパン
ト（1-3）や野球の送りバント（1-5）は統計的によくない作戦と知ら
れていますが、現場ではセオリーがいまだ根強いことが挙げられます。

セオリーにこだわってしまうことも、前節で紹介した不作為バイアスの視点から説明することができます。

不作為バイアスは、何かをして悪い結果になるより（マイナスの結果になる）、何もしないほうがマシと考えて、不作為（なにもしない）という選択肢を選ぶ傾向でした。

セオリーに挑戦して失敗すると、大きな批判を浴びることになります。たとえば、サッカーのPKで強く蹴って外した駒野友一が度を越して批判された例（1-1）や、アメフトのビル・ベリチックヘッドコーチは、4thダウンギャンブル（セオリーを外れた行為）をして失敗した結果解任されかけたエピソードがありました（1-3）。

新しいことにチャレンジして失敗するくらいなら、たとえ非効率的であってもセオリー通り振る舞う（何も新しいことをしない、斬新なことをしない）ほうがマシと考えるのもうなずけます。

ゴールキーパーはPKで飛ばないのが正解？

2007年、イスラエルの著名な心理学者であるバー・エリたちの研究グループは、PKについて驚きの新しいセオリーを提案しました[xiv]。

世界中のトップリーグのPKを分析した結果、ゴールキーパーにとっての最適な戦略はゴールの中央に留まること、つまり飛ばないことが最適解だと示されました。

キッカーは、「右に蹴る」「中央に蹴る」「左に蹴る」の3択でPKを蹴っているので、キーパーは中央に留まることで今よりも多くのPKをストップできると算出されたのです。

また、キーパーが中央に留まる確率は6.3%で、理想的な確率に対して合理的に意思決定をできていないことがわかりました。この研究は2007年のものですが、現在でもPKでキーパーが飛ばないことは珍しく、意思決定の歪みは解消されていないと捉えてよいでしょう。

どうして新しいセオリーで動けないのか

　バー・エリたちは、なぜ新しいセオリー通りに振る舞うことができないのかを調べるために、32人のトッププロのキーパーを対象にインタビュー調査を行ないました。インタビューの結果、中央にとどまってゴールを決められてしまった場合に、自身のプレーについて激しい嫌悪感を覚えることがわかりました。キーパーは、セオリーに逆らって行動する（中央に留まる）より、規範通り行動する（ジャンプする）ほうがよいと考えており、これは不作為バイアスの1種だと判断できます。

　この研究では、キーパーを対象にインタビューしていますが、PKをみるファンも似たようなことを思うと想定されます。キーパーがジャンプしてゴールが決められた際は、キーパーはベストを尽くしたのに方向が合わず不運だったと感じるでしょう。しかし、セオリーに逆らって中央に留まってゴールを決められた際は、キーパーを批判したい気持ちが湧いてくると思います。

　ファンも選手も、精一杯プレーして勝利したいと思っているはずです。確率的には中央に留まることが正解でも、動かないというプレーは受け入れがたいともいえます。統計的正解は一旦置いておき、心理的には左右にジャンプをするほうが心象によいのでしょう。

アメフトのキッカーはタイムで精度が落ちるほど下手じゃない

　このように、統計的には意味がないけれど、パフォーマンスとして取り入れられる戦術として、アメフトの「キッカーを凍らせる（Icing the Kicker）」というものがあります。キッカーがフィールドゴールを狙う直前に、相手側のチームがタイムアウトを取ります。キッカーのルーティンを狂わせ、プレッシャーを与える手法です。

　野球でも大事な場面でタイムを取ったり、サッカーでもPKを蹴る前

に相手チームの選手が妨害をしたり、バスケでもフリースローの直前に
タイムアウトを取ったりする作戦があります。Icing the Kickerもこれ
らと同様に、相手を動揺させるために行ないます。

Icing the Kickerが有効かについては、1990年代から多くの分析が行
なわれていますが、いまだに証明されていません。2005年には著名な
スポーツ雑誌である『スポーツ・イラストレイテッド』にて大々的な分
析が行なわれましたが、有効ではないと結論づけられました[xv]。2022
年に発表されたカーネギーメロン大学の研究グループによる報告[xvi]では、
勝率・得点差といった様々な要素を考慮しても、タイムアウトによって
キッカーの能力は影響を受けないことが示されました。

この結果は当然といえば当然かもしれません。アメフトはポジション
ごとに専業制であり、キッカーはキックのみ行なうプロフェッショナル
です。ちょっとしたタイムアウトやプレッシャー程度で精度が落ちるよ
うな選手では、トッププロまでたどり着けないともいえるでしょう。

先行研究を額面通り受け止めるのであれば、Icing the Kickerは無意
味な作戦とも受け取れます。それでも、Icing the Kickerが行なわれる
回数は特に減っていません。

チームの勝利をつかむためにタイムアウトを使って相手を撹乱させる、
勝利のために精一杯采配をするという行為が、たとえそれが統計的に無
意味なことであっても、選手やファンから評価されているということで
しょう。まだタイムアウトをする権利が残っているのに、それを使わず
相手のペースでキックをされることはもったいないとも捉えられるため
（第5章サンクコスト）、Icing the Kickerを止めたら批判されてしまう
かもしれません。

ここにも、新しいことにチャレンジして失敗するくらいなら、たとえ
効果がなくてもセオリー通り振る舞う、ある種の不作為バイアスがみら
れるといえるでしょう。スポーツ統計が広まり、多くのセオリーに懐疑
的な視点が向けられるようになり、従来のセオリーが重視される背景と
して、不作為バイアスの存在が挙げられます。

大谷翔平はアジア人だから
判定で損している!?

内集団バイアス

実際に優劣の差がない場合も、自分と同じ集団（出身県、学歴など）に属するメンバーを、それ以外の集団に属するメンバーより高く評価し優遇する傾向は内集団バイアスとして知られている。

------------------------ **POINT** ------------------------

- 人種による内集団バイアスは、人種差別につながるとして、避けるべきものだとされている。

- 大昔の野球では、審判と選手の人種が異なる場合、判定が不利になる傾向がみられた。しかし、近年はこの傾向が解消されたとの報告がある。また、年俸といった待遇面でも人種の内集団バイアスはみられないといわれている。

- ただし、スカウティングにおいて選手の特徴を記述する際には、人種によるステレオタイプがみられるという報告がある。

大谷翔平はアジア人だからストライクの判定が不利になる？

　大谷翔平（ロサンゼルス・ドジャース）は、２度のMVPになるなど世界を代表する野球選手です。当然、メディアからの注目も大きく、１打席１打席がビッグニュースとして報道されます。

　そのなかで、まことしやかにささやかれているのが「大谷翔平はアジ

ア人であるためストライクゾーンで不利」である、という説です。特に
アメリカ人の審判から疑惑のストライク判定をされた際、この説がSNS
で喧伝されることがあります。

　はじめに伝えておきたいのですが、この説は証明されていません。誤
審が多い選手ランキングで大谷はメジャー38位[xvii]であり、他のアジア
選手では似たような傾向はありません。アーロン・ジャッジ（ヤンキース）
のような大柄な強打者も判定が不利になることが知られており[xviii]、人
種の影響というよりは、体格と実力の影響と考えるほうが適切です。超
一流であるメジャーの審判は、アジア人だからといって不利な判定をし
ているわけではなさそうです。

内集団バイアスと人種差別

　この説がとなえられる背景として、人種による「内集団バイアス」が
挙げられるでしょう。内集団バイアスというのは、自分と同じ属性の人
（出身地域・学歴等）の人を優遇してしまう認知バイアスのことです。

　身内贔屓と似たように使われることもありますが、内集団バイアスで
は相手と直接知り合いでない場合やそれによって利益を得ることがない
場合でも、内集団を優遇することが知られています[xix]。

　人種の違いによる内集団バイアスは、人種差別につながる（例：白人
の人事担当が白人の学生を採用しやすい）として、人種差別問題解決の
ために避けるべき認知バイアスだとされています。

ストライクゾーンと給与評価

　メジャーの審判も、当然このような人種差別を避けるように訓練を積
んでいると思われます。

　実のところ、少し古いデータを使った分析では、内集団バイアスによ
って判定が不利になる可能性が指摘されています。たとえば、2004年

から2008年のデータでは、人種マイノリティの投手が白人球審からストライクゾーンを狭く取られ、投手もそれを理解しゾーン中心付近に投げる傾向がみられたようです[xx]。

　もちろん、近年の分析（たとえば2017年[xxi]）では、投手と球審の人種の違いによる判定の不利はなくなっているというのが、統一的な見解となっています。メジャーという大きな注目が集まる競技ですから、審判も人種差別反対を掲げ訓練している様子がわかります。

　ストライクゾーンの判定と同様、選手の待遇についても差別があったものの解消されていることが示されています。先行研究では、1998年から2006年の間、黒人選手の年俸が白人選手よりも最大２割低いが、2004年から2019年までのデータでは人種による年俸の違いはみられなかったとしています[xxii]。

　このように人種による内集団バイアスは、かつて存在したものの、それを解消するよう前進する様子がうかがえました。

選手評価には人種のバイアスがある？

　一方、アメリカの著名な新聞である『The Boston Globe』はいまだに人種によるバイアスが拭えていない分野として、スカウティングを挙げています[xxiii]。彼らは、もちろん多くのスカウトが人種のバイアスに陥らないよう努力していると前提を置いたうえで、それでも選手の人種によってスカウトの評価に用いられる言葉が異なると指摘します。

　この記事のなかでは、ジャーナリストが７万件のスカウトレポートを調査しました。その結果、リーダーシップがある、競争力があるといった言葉は白人選手に用いられがちで、未熟や洗練されていないという言葉は有色人種の選手のスカウトレポートに用いられがちであると示しています。

　また、メジャーの常勤スカウトの67％が白人であり、選手の白人割合（約50％）に比べて、スカウトが多いことがわかりました。同様に、

アメリカの大学野球のコーチは89％が白人であり、選手の割合が乖離しています。このような背景から、人種によるバイアスが選手のスカウティングや評価の仕方に影響を与え、体系的な偏見が評価に忍び込んでいるのではないかと、主張されています。

　このように、判定、年俸、スカウティングといった野球の要素においても、人種による差別や内集団バイアスが見え隠れします。スポーツは社会問題の可視化、およびその解決にどれくらい取り組めているかを測るバロメーターとしても有効といえます。

内集団バイアスに対処するサッカー界

　ここまで野球の話をしてきましたが、サッカー界も内集団バイアスを取り除こうと尽力しているように思えます。

　まずは審判について、出身国や出身チームに関係性のある審判は内集団バイアスが発生する可能性があるため、必ず第三者が審判をするようなシステムになっています。

　ファンについては、内集団バイアスによって自チームの選手を高評価する可能性が考えられます。先行研究では、特定の選手について所属チームのファンのほうが競争相手チームのファンよりも、よいスポーツマンシップを提示していたと答える傾向があることがわかりました[xxiv]。このような内集団バイアスが行きすぎると、ライバルチームの選手のことをいくらでも誹謗中傷してよいといった風潮になってしまいます。

　近年のＪリーグではフーリガン（暴徒化して暴れまわるようなサポーター）は極めて減少している印象があり、バイアスによる行きすぎた言動について、対処しています。

　内集団バイアスを防ぐためには、集団という枠を一旦忘れて、個人に立ち返ることが大切だといわれています、選手・審判・ファンそれぞれに、集団を応援する熱さと、一歩離れる冷静さが要求される時代になっています。

179cmの選手は
プロ野球選手になりにくい？

> **― 最大桁バイアス ―**
>
> 人が意思決定をする際に、数字の左端の桁に偏って注目することが知られ、最大桁バイアス（左桁バイアス）と呼ばれる。

---------------------- **POINT** ----------------------

- プロ野球のドラフトでは、150km/hの速球を投げられるかが1つの基準である。この基準をクリアするために、工夫を凝らすアマチュア選手がいる。
- プロ野球には179cmの選手が不自然に少ない。また、Jリーグのゴールキーパーには、189cmの選手が不自然に少ない。
- 1cmの差は競技にはそこまで影響しないが、選手評価には大きく影響すると考えられる。

カタログスペック：球速150km/hを超えるための努力

　時速150km（150キロ）の速球を投げられることは、プロ野球ドラフト会議で指名されるうえでの重要な要素の1つとされています。

　ドラフトの時期が近づくと、「150キロ投手」のような特集が各メディアで組まれ、150キロに届く選出と届かない選手では、注目度に大きな違いが出ます。アマチュア選手のなかには、150キロに届かせるために涙ぐましい努力をする選手もいます。たとえば、高地では空気抵抗が

減り球速が速くなる傾向があるので、わざわざ標高が高いスタジアムを貸し切って球速を測定するような選手もいます。

　149キロと150キロは１キロしか違わず、実際の試合の場面ではそこまで大きな違いではないといえます。しかし、ドラフト指名（選手評価の場面）では、この１キロによって評価が大きく異なることがあるといえるでしょう。

最大桁バイアス

　「150キロ投手」のように、一番大きい桁（百の位は１で固定なので、今回だったら十の位）によって意思決定が変化することは「最大桁バイアス（left-digit bias）」と呼ばれています[xxv]。

　たとえば、イチキュッパ（198円や1,980円）やニーキュッパ（298円や2,980円）といった価格設定も最大桁バイアスの活用例の１つです（3-1コラム）。2,000円と1,980円は20円という僅かな差ですが、千の位が変わるため20円以上に安くなった雰囲気を醸し出すことができます。

179cmの選手はプロになりにくい？

　この最大桁バイアスはスポーツ選手のプロフィールでよくみられます。次のページにプロ野球選手の身長分布のグラフに示します。180cmの手前、すなわち179cmの部分に大きな凹みがみられます。

　これは、179cmの選手はプロ野球選手になりにくい、というわけではなく、プロ野球選手のプロフィールは自称であるため、170cm後半の選手は180cmとサバ読みしていると考えるのが妥当でしょう。

　体格のよさはスポーツ選手の武器です。このグラフをみると、想像以上にサバを読む選手が多いと考えられます。

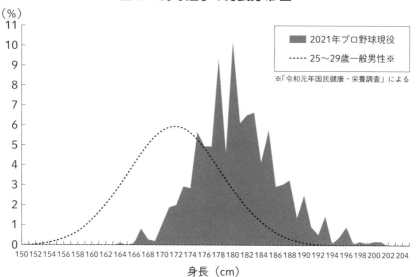

■ プロ野球選手の身長分布 ■

凡例:
- 2021年プロ野球現役
- 25〜29歳一般男性※

※「令和元年国民健康 - 栄養調査」による

身長（cm）

※出典：野球データハック（https://baseball-field.com/）より引用。

　ちなみに、179cmの野手で近年大活躍したのは、源田壮亮（西武）と山川穂高（ソフトバンク）しかいません。源田は守備が持ち味の選手であり、体格のよさをアピールする必要がないのかもしれません。山川は飛び抜けて長打力がある選手であり、彼ほど図抜けていればサバを読む必要もないともいえます。

　もし、選手名鑑で179cmの選手をみつけたら、きっと正直者の選手なのだと想像できます。

189cmのゴールキーパーはいない？

　同様に、サッカーのJリーグでも最大桁バイアスがみられることが知られています。特に、身長が物をいうゴールキーパーの身長分布は特徴的なものになっています。

■Jリーグのゴールキーパーの身長分布■

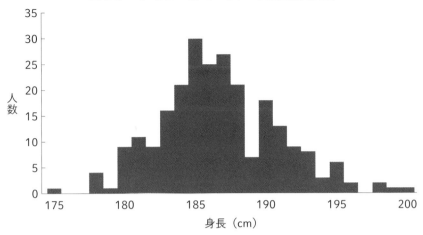

※出典：Jリーグ公式サイトをもとに著者作成。

注目してほしいのは、190cmの手前の189cmの部分です。大きなくぼみができています。

近年、ゴールキーパーは世界的にサイズが大きくなっており、185cmでも小さいといわれる時代です。180cm台後半の選手は少し身長を盛ることで、世界基準であることをアピールしていると思われます。

ちなみに、日本代表にも選出されている鈴木彩艶（シント・トロイデン）は、プロ入りのタイミングで身長を189cmから190cmに変更しています。単に背が伸びただけかもしれませんが、プロで戦ううえで世界基準の身長をアピールしたかったのかもしれません。

最大桁バイアスでは、一番左の桁の情報を参考にすることと提唱されています。スカウトや監督も最大桁バイアスを無視するのは難しいでしょう。

そう考えると、身長や球速といったカタログのスペックを盛ることで自身の評価を上げるというのは、ある種合理的な考え方といえます。

選手の注目度と
スポーツベッティングの必勝法

┌─────── スポーツベッティング ───────┐

スポーツを対象にした賭博行為はスポーツベッティングと呼ば
れ、スポーツ振興や税収の観点から日本でも導入が検討されて
いる。

└────────────────────────────────┘

------------------------- **POINT** -------------------------

- ファンタジースポーツは98％が運、２％が実力だといわれている。
  実力のある人は、ルーキー・外国人選手・スポーツベッティングが禁
  止されている州の選手といった、実力はあるけれど周囲の期待度が低
  い選手を起用している。
- 競馬で儲ける方法も、周囲の期待度と実際の実力の乖離を探すことで
  ある。
- 行動経済学はスポーツベッティングに役立つ。

スポーツベッティングが日本にやってくる？

　スポーツを対象にした賭博行為は「スポーツベッティング」と呼ばれ
ています。日本では禁止されているスポーツベッティングですが、欧米
ではユーザーが爆発的に増加中です。

　世界で年間10兆円を上回る市場規模があり、年10％以上のスピード
で成長している成長産業といわれています。

スポーツベッティングはスポーツ産業の収入源や、国の税収増加にも
つながるとして、日本でも導入が検討されています。

　スポーツベッティングでは、誰が得点を決めるか、どんなスコアにな
るか、誰が退場するか、などあらゆることが賭けの対象になります。

　なかでも、人気の賭けが、「ファンタジースポーツ（以下FS）」と呼
ばれるシミュレーションゲームです。「FS」は、プロスポーツ球団に実
在する好きな選手を集めて空想（fantasy）のチームを作り、選手たち
の成績をポイント化して競います。選んだ選手の実際の成績に連動しチー
ムのポイントが変動する点が、人気の理由の1つです。

　行動経済学の研究では、なんと、「FS」で強い人の意思決定の傾向が
明らかにされています。

ファンタジースポーツの必勝法

　ジョージア大学のエヴァンスらは、バスケットボールのFSを対象に、
強いプレーヤーに共通する傾向を分析しました[xxvi]。

　まずは、大前提として、「FS」にはどれくらい実力が反映されるので
しょうか。エヴァンスたちは、「FS」は98％が運で、2％が実力である
と結論を出しました。2％と聞くと小さいように思えますが、ギャンブ
ルの研究では1％以上実力が反映されれば、十分大きいと考えられてい
るようです。

　次に、「FS」がうまい人の特徴として、「弱い人に比べて毎日、たく
さんの回数賭けに参加する」「ルーキーや外国人選手を多く獲得する」「フ
ァンタジースポーツが禁止されている州（オレゴン・カリフォルニア州
など）の選手を多く獲得する」の3つの特徴が挙げられることを示しま
した。

　この、ルーキー、外国人選手、スポーツベッティングが禁止されてい
る州の選手、というのは多くの「FS」参加者にとって馴染みの薄い選
手といえます。

「FS」では、ついつい自分の地域の選手や人気の選手を獲得したくなりがちです（7-7内集団バイアス）。身内びいきをしたい気持ちをグッと堪えて、注目度が低いけれど実力のある選手を獲得することで、他のプレーヤーを出し抜くことができます。

内集団バイアスの存在を知っていれば、「FS」でうまく立ち回ることができるでしょう。

エヴァンスらの研究

ファンタジースポーツ：98%は運、２％が実力
強い人の特徴
○たくさん挑戦する
○ルーキーや外国人選手に着目
○ファンタジースポーツ禁止の州の選手を多く獲得

競馬で儲けるコツ

世間的な注目度は低いけれど実力がある選手を探すという戦略は、実は、競馬で儲ける方法とも共通しています。

多くの競馬ファンは、勝つ馬を当てるという楽しみ方をしていると思います。しかし、競馬で儲けたい、元を取りたいと思ったとき、重要なのは何回当てたかという的中率ではなく、どれくらい回収したかという回収率になります。

一般的に、強い馬はオッズも低く、的中させても回収率は高くなりません。そこで、本当は実力があるけれど注目されていない馬（本来の実力よりオッズが高い馬）を探し、１回の的中で膨大なリターンを稼ぐというのが競馬の経済合理的な戦略になります。

日本中央競馬会（JRA）の開催は１場１日に12レースありますが、

6～7レースを的中させて小さく稼ぐよりは、1レースしか当たらなくても大きく稼ぐほうが、結果として回収率が高くなると考えられます。

この戦略を実行するためには（資金力が必要なのはもちろん）、当てたいという欲やハズレを減らしたいという欲（第1章　損失回避バイアス）に必死に抵抗する忍耐力が必要になってきます。

もし競馬で儲けたいと思うなら、認知バイアスにだまされず、回収率に注目し続けられるかが大切といえるでしょう。

行動経済学でファンタジースポーツに勝つ

行動経済学の知識は「ファンタジースポーツ」といった賭け事でも役立つと考えられます。

損失回避バイアスやサンクコストといった認知バイアスを避けると「FS」で有利になりますし、認知バイアスを減らすためには、コミットメントやリフレーミング（1-5）という手法が有力であることも知られています。

アメリカでは大手データ会社から「FS」のプレーヤー向けに行動経済学を解説した記事も多く書かれており[xxvii]、スポーツファンの間でも行動経済学は注目されています。

またアメリカでは、「FS」で生計を立てるプロFSプレーヤーもいて、多い人では年間1億円以上稼ぐ人もいるようです。よりよい戦略を採用するために行動経済学の知識は役立つといえるでしょう。

流れで変わる
プレーの基準と生まれる損失

― 流れ ―

スポーツにおいて流れがあるかどうかについては、様々な議論がなされ結論は出ていない。ただし、流れがあると選手が感じることによって、プレーの基準が変わることは示されている。

----- POINT -----

- 流れがあるかどうかは未解決の課題である。
- ただし、バスケットボールの先行研究では、流れがあると感じた場合はノッている選手にボールを集める傾向がみられた。
- ノッている選手がシュートをたくさん打つ結果、年間4.5勝"損している"ことが示された。

未解決課題としての "流れ"

　本書の最後に、行動経済学×スポーツの未解決の課題である「流れ」について扱います。「流れ」とは何か、実際に流れが存在するのかどうかというのは、スポーツ好きにとっても大きな議題の１つです。それは、スポーツ科学や行動経済学の分野でも同じです。

　「流れ」は英語で、hot hand、streaks、(psychological) momentumと表現されます。野球ではmomentumが、サッカーではstreaksが、バスケではhot handが使われる印象です。

スポーツ中継では、流れをつかんだチームが実力以上の力を出すことができたり、「流れ」を失ったチームが動揺してミスを繰り返したりするように描写されることがあります。

　では、実際に「流れ」によって、単なるランダム以上に実力や運が変化することはあるのでしょうか。

　各スポーツで長らく検討されているのですが、結論からいってしまうと、統一的な見解が得られていません。

　よく紹介される研究としては、1985年に行なわれたギロビッチとトヴァスキーのもの[xxviii]が挙げられます（トヴァスキーは第1章のプロスペクト理論を提唱した研究者です）。

　彼らはバスケのシュートが連続で決まりやすいかを分析し、そういった傾向がないことを示しました。偶然連続でシュートが決まったときに、流れがあると誤解すると考察しています。この研究を皮切りに、バスケットボールのシュートを対象にして多くの流れ研究が行なわれています。2011年の研究では、流れは存在するが、試合を大きく変えるほどの効果ではないことが主張されています[xxix]。

　バスケットボール以外でも、野球やサッカーといったチーム競技、ダーツやボウリングといった個人で遊ぶ競技、麻雀やeSportsといった頭脳ゲームでも、流れは検討されています。

　それらのなかには、流れがあると主張するものもありますし、流れがないと主張するものもあります。流れの有無については、流れの定義の仕方や統計手法に大きく影響されているというのが雑感です。

流れで変わるプレー基準

　「流れ」は未解決の課題であることがわかりましたが、選手やファンはたしかに流れのような現象を感じていると思われます。では、流れを感じることによって、我々の意思決定はどう変化するのでしょうか。

ホイジンガらの研究

○流れ：存在しない
○流れがあると感じた選手：
　・シュートの成功率が3.5%減る
　・シュートタイミングが16%早くなる
　　→チームは年間4.5勝損する

　経済学者のホイジンガとバスケットボールアナリストのワイルは、「流れ」の存在を確認できなかったものの、"流れがある"と選手が確信することで、プレーの基準が変わることを示しました[xxx]。

　彼らは、シュートを数本連続で決めた選手が、あたかも絶好調であるかのような振る舞いをみせることを発見しました。

　ノッていると感じた選手は、いつもより難しいシュートにチャレンジするようになり、シュートの成功率が3.5%低くなることを示しました。また、シュートを外した選手は、いつもよりシュートを打つタイミングが16%早くなることを示しました。つまり、ノッていると感じた選手は、タフショット（成功率が低い難しいシュート）を積極的に打つようになり、その結果、かえって得点が決まりづらくなることがわかりました。

　さらに、他のチームメイトがノッている選手に積極的にボールを回す傾向もみられました。他のチームメイトも流れを感じていることがみて取れます。

　そして、驚くことに、ノッている選手が無謀なシュートを打つ影響で、年間4.5勝ほど損していることがわかりました。「流れ」があると感じることで、かえって非合理的な意思決定をしてしまう例といえます。

平均への回帰による流れの失速

　この「流れ」の過信による非合理的な意思決定は、平均への回帰の側

面からも説明することができるでしょう。

　平均への回帰とは、1度極端な値が観測されると、2回目は1回目より平均に近い値が観測されることが多いという現象です。プロで1年目に大活躍した選手が2年目に失速したようにみえる"2年目のジンクス"も、この平均への回帰で説明されることがあります。

　平均への回帰を考慮すると、バスケのシュートが何度も連続で決まったあとは、ある程度失敗が増え、結局は平均的な成功率に落ち着くと推測されます。

流れを信じるメリットとデメリット

　流れの過信によって年間4.5勝も損しているとなると、選手や監督はノッている選手に対して冷静になる必要があるといえます。ノッている選手を頼りすぎるのではなく、平常心を保つことで、勝ち星を増やすことができると期待されます。

　ただし、流れを信じることを悪いと決めつけるのは早計でしょう。

　流れが自分たちにあると思うことで、チームに自信がついたり、勇気をもってプレーできたりするメリットが期待されます。

　また、1-3でもファンからの理解について紹介しましたが、ファンはノッている選手の活躍を期待しますし、ノッている選手を交代させたら批判の対象になるでしょう。

　流れの勢いをうまく利用する熱さと、勢い任せの無謀なプレーをしない冷静さを両立することが大切なのかもしれません。

　いずれにせよ、流れが存在するかは未解決の課題になっています。行動経済学の発展によって、この議論に決着がつくのかも注目です。

参考文献

i Mirror. (2015). Thierry Henry reveals Pep Guardiola's genius tactics that 'killed' Barcelona players. Retrieved from https://www.mirror.co.uk/sport/football/news/thierry-henry-reveals-pep-guardiolas-7077518

ii Stanovich, K. E., & West, R. F. (2000). Advancing the rationality debate. *Behavioral and brain sciences, 23* (5), 701-717.

iii Kahneman, D. (2011). *Thinking, fast and slow.* macmillan.

iv 木崎伸也. (2024).「《独占告白》守田英正がアジアカップ後の"発言"で本当に伝えたかったこと「言うなら僕しかいないと思っていた」「悪役のつもりは微塵もない」」『NumberWeb』. https://number.bunshun.jp/articles/-/860795?page =1

v たとえば、Furley, P., Schweizer, G., & Bertrams, A. (2015). The two modes of an athlete: dual-process theories in the field of sport. *International Review of Sport and Exercise Psychology, 8* (1), 106-124.や Cardoso, F. D. S. L., Afonso, J., Roca, A., & Teoldo, I. (2021). The association between perceptual-cognitive processes and response time in decision making in young soccer players. *Journal of Sports Sciences, 39* (8), 926-935.などが該当する

vi Scheibehenne, B., Greifeneder, R., & Todd, P. M. (2010). Can there ever be too many options? A meta-analytic review of choice overload. *Journal of consumer research, 37* (3), 409-425.

vii Navarro, M., van der Kamp, J., Schor, P., & Savelsbergh, G. J. (2018). Implicit learning increases shot accuracy of football players when making strategic decisions during penalty kicking. *Human movement science, 61*, 72-80.

viii 永里優季. (2019).「フリーな状態でシュートを外すワケ」『note』 https://note.com/yukinagasato/n/n6aac53d91767

ix Archsmith, J. E., Heyes, A., Neidell, M. J., & Sampat, B. N. (2021). *The Dynamics of Inattention in the (Baseball) Field* (No. w28922). National Bureau of Economic Research.

x 松山博幸. (2021). 審査のゆがみ：全日本吹奏楽コンクールを例に. 応用経済学研究, *14*, 45-68.

xi Rotthoff, K. W. (2015). (Not finding a) sequential order bias in elite level gymnastics. *Southern Economic Journal, 81* (3), 724-741.

xii Spranca, M., Minsk, E., & Baron, J. (1991). Omission and commission in judgment and choice. *Journal of experimental social psychology, 27* (1), 76-105.

xiii Moskowitz, T., & Wertheim, L. J. (2011). *Scorecasting: The hidden influences behind how sports are played and games are won.* Crown Archetype.（T.J.モスコウィッツ, L.J.ワーサイム／望月衛（訳）(2012)『オタクの行動経済学者スポーツの裏側を読み解く 今日も地元チームが勝つホントの理由』ダイヤモンド社）

xiv   Bar-Eli, M., Azar, O. H., Ritov, I., Keidar-Levin, Y., & Schein, G. (2007). Action bias among elite soccer goalkeepers: The case of penalty kicks. *Journal of economic psychology, 28* (5), 606–621.

xv   Sports Illustrated. (2005, January 21). Dr. Z's mailbag. Retrieved from http://sportsillustrated.cnn.com/2005/writers/dr_z/01/21/mailbag.z/index.html

xvi   Martinez, S., & Gonzalez Sanchez, A. (2022, July 6). Does icing the kicker work in the NFL? Carnegie Mellon University, Department of Statistics & Data Science. Retrieved fromhttps://www.stat.cmu.edu/cmsac/sure/2022/showcase/Icing-the-Kicker-Final-Paper.html

xvii   Kishimoto, K. (2021). Umpires hate Shohei Ohtani and some others. Medium. Retrieved from https://medium.com/@kylemoto10/umpires-hate-shohei-ohtani-and-some-others-120a2ccb042

xviii   Codify Baseball. (2021, October 24). Called strikes to Aaron Judge and Shohei Ohtani this season. Twitter. Retrieved from https://twitter.com/CodifyBaseball/status/1452643906240143366

xix   Tajfel, H., Billig, M. G., Bundy, R. P., & Flament, C. (1971). Social categorization and intergroup behaviour. *European journal of social psychology, 1* (2), 149–178.

xx   Southern Methodist University. (2011). White favoritism by Major League home plate umps lowers minority pitcher performance and pay, baseball study finds. *ScienceDaily.* www.sciencedaily.com/releases/2011/09/110907124351.htm

xxi   Verducci, B. (2017). Racial discrimination in baseball: A reinvestigation of MLB umpire bias. *Haverford College. Department of Economics.* Retrieved from https://scholarship.tricolib.brynmawr.edu/handle/10066/19253

xxii   Tobben, G. (2020). Swinging for the Stars. *University of Virginia. Department of Economics.* Retrieved from https://economics.virginia.edu/sites/economics.virginia.edu/files/Grant%20Tobben.pdf

xxiii   Speier, A. (2020, June 10). How racial bias can seep into baseball scouting reports. *The Boston Globe.* Retrieved from https://www.bostonglobe.com/2020/06/10/sports/how-racial-bias-can-seep-into-baseball-scouting-reports/

xxiv   Wann, D. L., & Grieve, F. G. (2005). Biased evaluations of in-group and out-group spectator behavior at sporting events: The importance of team identification and threats to social identity. *The journal of social psychology, 145* (5), 531–546.

xxv Sokolova, T., Seenivasan, S., & Thomas, M. (2020). The left-digit bias: when and why are consumers penny wise and pound foolish?. *Journal of Marketing Research, 57* (4), 771-788.

xxvi Evans, B. A., Roush, J., Pitts, J. D., & Hornby, A. (2018). Evidence of skill and strategy in daily fantasy basketball. *Journal of gambling studies, 34,* 757-771.

xxvii 例えば野球、Fujimoto, M. (2009). Cognitive biases and fantasy. *FanGraphs*. Retrieved from https://tht.fangraphs.com/cognitive-biases-and-fantasy/。例えばアメフト、Valich, L. (2022). Cognitive bias: Definition, examples in fantasy sports. *University of Rochester Newscenter*. Retrieved from https://www.rochester.edu/newscenter/cognitive-bias-definition-examples-fantasy-sports-532612/

xxviii Gilovich, T., Vallone, R., & Tversky, A. (1985). The hot hand in basketball: On the misperception of random sequences. *Cognitive psychology, 17* (3), 295-314.

xxix Yaari, G., & Eisenmann, S. (2011). The hot (invisible?) hand: can time sequence patterns of success/failure in sports be modeled as repeated random independent trials?. *PloS one, 6* (10), e24532.

xxx Huizinga, J., & Weil, S. (2009, March). Hot hand or hot head? the truth about heat checks in the nba. MIT Sloan Sports Analytics Conference.

スポーツのルール＆セオリー

サッカー

・基本的なルール
（1-1、2-2、2-3、4-1、4-2、5-3、7-1、7-2、7-3、7-5、7-6）

　サッカーは、1チーム11人で構成された2つのチームが、1つのボールを相手のゴールに蹴り入れ、制限時間内により多くのゴールを入れたほうが勝利となるスポーツです。制限時間経過後に同点だった場合は、大会やリーグの規定に準拠し、延長戦またはPK戦を実施し、勝敗を決定します。基本的に、手や腕でボールに接触することは反則とされます。①プレーヤーがコート内にボールをスローインするとき、②ゴールキーパーが決められたエリア内でプレーするときは、手を使ってもよいとされています。

・PKのルール（1-1、2-2、2-3、7-6）

　PKはキッカーとゴールキーパーの1対1の勝負です。成功率は70％以上とキッカー側が圧倒的に有利です。ゴールキーパーはキッカーが蹴ってから飛ぶのでは間に合わないため、相手のキックの方向を予測しジャンプする必要があります。

・サッカー場の形状（4-2）

　ほとんどのJリーグクラブは、自前でスタジアムを持っているのではなく、公営（県営や市営）の運動競技場を借りているのが現状です。公営の運動競技場は様々なニーズに応える必要があるため、陸上グラウンド等の施設が併設されていることが多いです。そのため、Jリーグ全体でみると、サッカー専用スタジアムで試合できるクラブのほうが少ない状況です。

・サッカー選手の移籍（5-3）

　サッカー選手が移籍する際に、移籍金が発生する場合と発生しない場合があります。選手はクラブと期限を決めて契約しています（たとえば、三笘薫はブライトンと2027年6月まで契約しています）。この期限内に選手が移籍する場合、獲得クラブは違約金として移籍金を払う必要があります。一方、契約の期限が切れるタイミングであれば、移籍金を支払わずに獲得できます（いわゆる、フリー移籍）。

近年はこの移籍金が高騰していることもあり、若い選手を育成して移籍金で儲けるようなサッカークラブも増えています。

・ロスタイム、アディショナルタイム（7-3）

サッカーでは試合が中断された分（怪我人対応やゴールパフォーマンス）を延長するルールがあり、正式にはアディショナルタイムと呼ばれています。ロスタイムと呼ばれることもあります。目安の時間はありませんが、一般的には3-6分程度であることが多いです。ただし、近年はVARチェックにかかる時間が増えたため、10分超えも珍しくありません。

ゴルフ

・ゴルフの順位決定方法とショットの種類（1-2）

ゴルフは、18ホールを1ラウンドとして、何ラウンドかを行ない合計打数（ボールを打った回数）を比較します。プロの大会では、4ラウンド（＝72ホール）を行ない、順位を決定することが多いです。

各ホールのスタート地点からゴール地点（カップ）までは、通常200メートルから450メートルほどあります。ゴルファーは場面に応じて適したクラブを選び、少ない打数でカップに入れることを目指します。特に、最後のカップに入れるための1打はパット（パッティング）と呼ばれ、スコアを向上させるうえで非常に重要になっています。

アメリカンフットボール（アメフト）

・アメフトのルールと攻撃権について（1-3、7-6）

アメフトは、ラグビーやサッカーのようにゴールエリアが2箇所あって、お互いのゴールに向かってボールを運ぶゲームです。攻撃側はゴールに向かって前進し、守備側がそれを阻みます。自陣ゴールから敵陣ゴールまでの距離は、120ヤード（約110メートル）あります。敵陣ゴールまで侵入（タッチダウン）したり、敵陣ゴール

ポストの間にキックシュートを入れたりする（フィールドゴール）と得点が入ります。

　アメフトには攻撃回数に制限があります。アメフトは、攻撃側のパスが失敗したり、攻撃側の選手がタックルを受けたりすると、プレーが区切られます。この1回のプレーが「ダウン」と呼ばれます。攻撃側は、4回の攻撃（4回のダウン、4thダウンと呼ばれる）以内に10ヤード前進することが求められています。もし10ヤード進むことができなれば、相手にその場で攻撃権がわたります。10ヤード前進することできれば、また1回目から攻撃をすることができます。

・アメフトの専業制（1-3、7-6）

　アメフトは11人対11人で行なうスポーツですが、選手交代が無制限なので、攻撃時、守備時、キック（パント）時でまったく別の選手がプレーします。

　攻撃を担当する選手たちをオフェンスチーム、守備を担当する選手たちをディフェンスチーム、キックやパントを担当する選手をスペシャルチームと呼びます。つまり、攻守キックで専業制を敷いており、プロの試合では実質11人×3の人数が必要となります。キックについても、キックによるゴールを狙うキッカーと、とにかく遠くまで蹴るパンターでは必要なスキルが異なるため、別の選手が担当することがほとんどです。

　ケリーのプルスキ高校（1-3）はパンターなど特定のポジションを廃止することで、選手のスカウティングの手間も減らしていました。

テニス

・テニスの試合の流れとサーブのルール（1-4、6-1）

　テニスの試合は、ポイント・ゲーム・セットという3つの単位から構成されています。ポイントが一番小さな単位で、1つのプレイで獲得する得点のことを指します。このポイントを4つ先取すると、1つのゲームを取ることができます。そして、このゲームを6つ先取すると1つのセットを取ったことになります（デュースやタイブレーク等の例外はありますが、簡単なルール説明ですので省略します）。

　5セットマッチなら、3セットを先取したほうが試合（マッチ）に勝利、3セットマッチなら2セットを先取したほうが試合に勝利、という流れになります。

　テニスのサーブ権は、ゲームごとに交代します（バレーボール等はポイントを獲

得するごとにサーブ権が変わっていくのですが、テニスは異なります）。テニスはサーブを打つ側が有利なので、サーブを打つ側はサービスゲームを取り、打たれる側はそれを阻むのが、よくある試合展開となります。

・バックハンドの打ち方（6-1）

テニス初心者はバックハンドが苦手な人が多いそうです。というのも、利き手と逆側のボールを打つため、距離感が掴みづらいためといわれています。ちなみに、野球のスイングも利き手側で打つという意味で、フォアハンドのスイングです。

バックハンドは両手で打つことが基本とされますが、一流選手のなかには片手でのバックハンドを得意とする人もいます。

野球

・野球の基本ルール（1-5、2-1、2-2、3-2、4-3、5-1、5-2、5-3、6-2、6-3、7-3、7-5、7-7、7-8）

野球は、2つのチームが攻守に分かれ、守備側のチームの投手が投げたボールを、攻撃側のチームの打者が決められたエリア内に打ち返して走り、グラウンドに置かれた塁（ベース）を進んでいくスポーツです。

また、投手が投げたボールがストライクゾーンに入りボールをエリア内に打ち返すことが出来なければ「ストライク」としてカウント、ストライクゾーンから外れると「ボール」としてカウントされます。ストライクが3回カウントされると、「三振」で1回のアウトになります。

攻撃側のチームがアウトを3つ取られると攻守が交代します。

選手は、バッターに向かって投球する「投手（ピッチャー）」、投手が投げたボールを受け取る「捕手（キャッチャー）」といったポジションが決まっており、各役割が与えられます。

・加重出塁率（1-5）

加重出塁率（wOBA：Weighted On-Base Average）は、打撃指標の1つで、実際の得点価値にもとづいて計算されます。打者が1打席あたりにチームの得点にどれほど貢献しているかを評価しており、総合的な打撃力を表しています。

具体的には、四球、本塁打などの各項目に統計的な研究から妥当とされる得点価値の加重を与え、打席あたりで平均して求めます。

・打率のルール（1-5、3-2）

　野球の打率は、安打数を打数で割って算出されます。打数には四球が含まれないため、四球になると打率は変化しません。なので、最終打席を打率.299で迎えたバッターは、四球を選んでしまうと、打率３割をクリアできなくなってしまいます。

・盗塁のルール（2-1、2-2）

　盗塁は攻撃側の走者の進塁方法の１つです。主に相手投手が投球する隙をついて、ランナーが次の塁に走ります。盗塁王といわれる選手でも盗塁成功率は80％程度であることも多く、ギャンブルの要素がある作戦といえます。

　一般的に、盗塁は監督やコーチがランナーに指示を出して実行されます。まれに、ランナーが自らの意思で盗塁することもありますが（"グリーンライト"といわれる）、比較的レアケースであるため、本書では盗塁は監督・コーチによる意思決定であるという前提のもと議論を進めています。

・ドラフトのルール（5-1）

　プロ野球団に入団を志す学生（高校３年生、大学４年生）は、自身の所属する連盟にプロ志望届を提出する必要があります（ここでいうプロには、独立リーグや海外リーグも含みます）。逆に、学生でない場合（社会人である場合）は志望届を出す必要はありません。

・日米の年俸調停の違い（5-2、7-7）

　日米の年俸調停のルールは異なる部分が多々あります。たとえば、日本のプロ野球の場合は、選手側が年俸調停を望んでも日本プロ野球連盟が受け入れない場合（球団との話し合いを推奨する場合）があります。

　一方、メジャーでは３年以上ロースター（≒１軍）にいた選手にのみ、年俸調停をする権利が与えられます。つまり、３年目までの若手は年俸に意見する権利がなく、たとえば渡米直後の大谷翔平選手は年俸7,000万円ほどで３年プレーしました。

この、ある種の買いたたきについて、近年は救済措置が議論されています。

・バレル（6-2）

　近年のデータ野球では、長打になる確率が高い打球速度と打球角度の組み合わせが知られていて、"バレル"と呼ばれています。「月に向かって打て」の25度の角度はバレルになりやすい数値で、この格言はデータ的にも妥当だったといえます。

・ホームランの判定（4-3、6-2、7-3）

　野球のルールには、全球場共通のルールと球場ごとに定められたグラウンドルールが存在します。グラウンドルールの例としては、バンテリンドームの観客席の前の「手すり」があげられます。この「手すり」に当たった場合、客席に入らなくてもホームラン扱いとなります。その他、スピーカーや天井に当たった場合のルールも、球場ごとに違いがあります。審判団は共通ルールだけでなく、グラウンドルールも加味したうえでジャッジする必要があります。

バスケットボール

・バスケットボールの基本ルール（7-10）

　バスケットボールは、1チーム5人で構成された2つのチームが、1つのボールを相手のゴールに投げ入れ、制限時間内により多くのゴールを入れたほうが勝利となるスポーツです。コート上でプレーヤー同士が接触した場合や、スポーツマンシップに反する行為が見受けられた際、ファウルが取られます。ファウルのペナルティは状況によって変わりますが、相手ボールのスローインになったり、フリースローが与えられたりします。

・タフショット（7-10）

　難しい姿勢や状況からシュートを打つことをタフショットといいます。バスケは点が入りやすいため、相手を無失点に抑えるというよりは、相手にタフショットを打たせるような守備が求められます。

おわりに

「行動経済学×スポーツ」の研究を題材にした本書は、いかがで
したでしょうか？

冒頭で、スポーツのデータが行動経済学にとって宝庫であると紹
介しましたが、実際に行動経済学がスポーツの勝敗を左右する可能
性を感じていただけたかと思います。

熱狂を生み出すスポーツと、人間を冷静に観察する行動経済学は、
真逆のようにも感じられます。だからこそ、これらを掛け合わせる
ことで、研究としても、経済活動としても、スポーツの競技力向上
としても、インパクトのある研究が生み出されるのです。

本書は1つひとつの認知バイアスを詳しく紹介する都合上、行動
経済学の主要トピックを網羅できているわけではありません。行動
経済学をさらに知りたくなった方は、ぜひ専門書を手にとってみて
ください。また、本書はできる限り実際の研究を引用する方針であ
るため、一部のスポーツ（ラグビー、バレーボールなど）を取り上
げることができませんでした。この点についてはご容赦ください。

もし本書を読んで、この認知バイアスはこの場面にも当てはまる
のではないかと仮説を思いついた方は、ぜひ巻末の連絡先から私に
連絡をください（または「＃ 行動経済学が勝敗を支配する」で
SNSに投稿してください）。読者のみなさまの力をお借りして、行
動経済学×スポーツの分野を盛り上げていきたいと考えています。

私自身、スポーツアナリスト・ファンとして、最新のデータに基

づいた戦術が現場に受け入れられず、もどかしい思いをしてきました。行動経済学を学んだ際に、最新の戦術が導入できないのは認知バイアスによって抵抗感が生まれるからではないかと思い、人間がデータや数値にどうやって向き合うのかを検討し始めました。

スポーツに関わる人が行動経済学を学ぶことで、最新の戦術やテクニックを、スムーズに現場に導入できるようになるはずです。

私は、行動経済学を通して、日本のスポーツ全体を強くしたいです。行動経済学はスポーツの心技体のうち「心」に該当します。日本文化は他国に比べて、この「心」を大切にするため、行動経済学で「心」を鍛えれば、日本のスポーツが他国にアドバンテージを取れるのではないかと青写真を描いています。本書の内容が多くのスポーツ選手、関係者、ファンに届き、行動経済学的なアプローチで競技力を向上するきっかけになることを願ってやみません。

私自身も、研究者としてそれを成し遂げられるように、インテンシティ（強さや集中力のこと）高く、努めていく所存です。

実は、本書の隠れた目標として"他者にやさしくなれる"社会を実現したいという狙いがあり、最後に共有させてください。

本書では、プロの選手や十分に訓練した審判でも非合理的な判断をしてしまう例をたくさん示しました。人間の思考にはクセがあり、正解を選ぶのが苦手な場面があるとわかっていただけたと思います。

受験や就職、人間関係など、現代に生きる私たちは、ミスをしないように、間違えないように、精神を張り詰めながら生きていますし、ミスがないことが偉いようにも思い詰めてしまいがちです。

一方、行動経済学が見せる人間像は、そのような"カンペキ"な人間とはかけ離れています。苦手な意思決定があると自覚したうえで、それを克服する研究も行なわれています（1-5や第6章）。

行動経済学を学ぶことは、人間のクセや苦手な意思決定と向き合うことにもつながるため、判断のミスや間違いについての解像度が自然と高くなるはずです。

　私は、行動経済学を「自身の弱さを自覚し、誰かにやさしくなれる」学問だと考えていて、だからこそ熱心に研究しています。この思いが少しでも伝わればいいなと、願いを込めながら執筆いたしました。

　学問を通して、日々の暮らしが少しでも彩られたり、人生や生活がほんのちょっとでも豊かになる、そんな経験を共有したいと思っています。

　最後になりますが、本書を書くうえで、多くの方々にお世話になりました。行動経済学×スポーツ（Ballgame Economics）の可能性をともに模索し、何度も輪読会を行なった丹治伶峰さん、家舗弘志さん。学部時代よりご指導いただいている植田一博先生、および植田研究室関係者のみなさん。スポーツアナリストとしての経験を積ませていただいた、株式会社データスタジアム、株式会社ネクストベース、一般社団法人日本スポーツアナリスト協会（JSAA）のみなさん。出版の機会を与えてくださった出版甲子園のみなさん（特に古谷優人さん、持田英次郎さん）、日本実業出版社の中尾淳さん、前田千明さん。製本、校正、イラストにかかわってくれたみなさん。執筆を応援してくれた友人、家族、3匹の愛犬。その他この本に直接的、間接的にかかわったすべてのみなさまに心より感謝申し上げます。

2024年5月　今泉　拓

今泉 拓（いまいずみ たく）
東京大学大学院学際情報学府博士課程所属、東京スポーツ・レク
リエーション専門学校非常勤講師（スポーツ分析）。1995年生ま
れ。東京大学理科2類に入学後、教養学部に進学しコンピュータ
サイエンスを専攻。大学3年生のときに、データスタジアム株式
会社で野球データの分析を開始。以降、株式会社ネクストベース
にて野球データの分析を担当するなど6年間データ分析に従
事。東京大学大学院学際情報学府では、認知科学・行動経済学を
専攻。データ分析と大学での研究をもとに、行動経済学とスポー
ツ分析を掛け合わせたスポーツの発展や技術向上に力を入れて
いる。主な実績に、ARCS IDEATHON（ラグビーの傷病予測コ
ンペティション）優勝、第18回出版甲子園準優勝、スポーツアナ
リティクスジャパン2022登壇など。

X（Twitter):@nowism_sports

行動経済学が勝敗を支配する
2024年6月20日　初版発行

著　者　今泉　拓 ©T.Imaizumi 2024
発行者　杉本淳一

発行所　株式会社日本実業出版社　東京都新宿区市谷本村町3−29 〒162-0845

編集部　☎03-3268-5651
営業部　☎03-3268-5161　振　替　00170−1−25349
https://www.njg.co.jp/

印　刷／木元省美堂　製　本／若林製本

ISBN 978-4-534-06110-2　Printed in JAPAN

「印象」の心理学
認知バイアスが人の判断をゆがませる

田中知恵
定価 1760円（税込）

結局、人は「なんとなく」で判断しがち。その背景にある「認知バイアス」について、「どのように印象をかたちづくるのか」などとともに社会心理学の知見からわかりやすく解説。

野球データでやさしく学べる Python入門
いきなり「グラフ作成」「顧客分析」ができる

齋藤 周
定価 2090円（税込）

福岡ソフトバンクホークスでデータ分析を担当する著者がPythonをやさしく解説。プロ野球と大谷翔平選手のデータで、ビジネスでも活きる「分析」の基礎を挫折せず楽しく学べる。

マーケティングを学んだけれど、どう使えばいいかわからない人へ

西口一希
定価 1650円（税込）

P＆G、ロート製薬、ロクシタン、スマートニュースなどで多くの実績を出した著者が、「学ぶ」と「できる」の壁を越えるべく、「WHOとWHATによるシンプルな原則」を解き明かします。

価格の心理学
なぜ、カフェのコーヒーは「高い」と思わないのか？

リー・コールドウェル 著
武田玲子 訳
定価 1760円（税込）

「価格」をテーマに、ポジショニングやPR、マーケティングなど多様な商品戦略を「消費者の購買心理学」と「行動経済学」の観点からアプローチし、新しい価格設定の技法を解説します。

定価変更の場合はご了承ください。